Werner Bitter

Von Dünen, See und Strand

Geschichten und Geschichtliches
über die Insel Juist

© 2021 Werner Bitter

Autor: Werner Bitter

Verlag: tredition GmbH, Hamburg

ISBN: 978-3-347-39582-4 (Paperback)

       978-3-347-39583-1 (Hardcover)

       978-3-347-39584-8 (e-Book)

Printed in Germany

Bibliografische Information der Deutschen Nationalbibliothek: Die Deutsche Nationalbibliothek verzeichnet diese Publikation in der Deutschen Nationalbibliografie; detaillierte bibliografische Daten sind im Internet über http://dnb.d-nb.de abrufbar.

„ … Juist ist nicht einmalig schön. Es ist eine Insel der Treue.
Man stillt hier nicht seine Neugier, man hakt Juist nicht ab,
um das nächste Mal auf die nächste ostfriesische Insel zu fahren.
Das ist das Risiko, das man mit Juist eingeht. Juist ist unvergleichlich!
Ich kenne keine andere Nordseeinsel, ich werde keine weitere kennenlernen,
ich habe mich ein für allemal entschieden: Juist.
Mein Urteil ist subjektiv. Wo man liebt, darf man nicht objektiv sein…."

Christine Brückner
aus Juist, ein Lesebuch

Inhalt

Vorwort

Juist, wie viele Geschichten, Berichte, Reiseeindrücke und sogar Gedichte sind schon über dich, meine Heimatinsel, geschrieben worden. Töwerland wirst du auch genannt, Zauberland soll das bedeuten und selbst zur schönsten Insel Norddeutschlands bist du schon gewählt worden. Ein Zauberland im alten Fabelsinne bist du nicht, Juist, aber als zauberhaft magst du allen erscheinen, die deine Gestalt, deine Lage in der See und deine besondere Natur mit einem Süßwassersee in der Dünenlandschaft lieben.

Habe ich all dem, was bereits erzählt oder berichtet wurde, etwas Neues, noch nicht Gehörtes, nicht Gelesenes hinzuzufügen? Ja, schon, aber das war nicht die Absicht, mit der ich die kleinen Geschichten niederschrieb. Als ich während meiner höheren Jahre begann, Gedanken und Eindrücke während meiner Inselaufenthalte festzuhalten, geschah das, ohne ein Ziel zu verfolgen. Erst als ich durch die Lektüre von Aufzeichnungen über das historische Juist und durch das Studium alter Dokumente über das Haus der Ur-Großeltern immer mehr Notizen gesammelt hatte, reifte der Entschluss, daraus Erzählungen zu formen. Das, was entstanden ist, lässt sich grob in drei Teile gliedern. Einen ersten Teil mit dem Blick in die Frühzeit der Insel, im mittleren Teil schaue ich auf das Leben meiner Juister Familie, in der zweiten Hälfte des 19. Jahrhunderts und der sich vollziehenden Wandlung eines von der Seefahrt geprägten Inseldorfes zu einem Seebad. Der dritte Teil ist in neuerer Zeit angesiedelt und betrifft mein eigenes Leben. Er behandelt meine Kindheitserinnerungen an Juist in den ersten Nachkriegsjahren sowie meine Sicht auf meine Heimatinsel als erwachsener und älter gewordener Mensch.

Etwas Naturgegebenes, sehr Naheliegendes und vor allem Elementares für ostfriesische Inseln sind See und Sand. Vermutlich weil ich von Kindheit an damit vertraut bin, habe ich nicht viel über ihre Bedeutung nachgedacht. Beides gehörte zum Leben, wie der Wind und die Wolken. Erst als ich das bereits erwähnte Material auswertete und die Geschichten niederschrieb, wurde mir wirklich bewusst, wie elementar See und Sand für das Werden und Vergehen unserer Nordseeinseln ist und wie sie das Leben beeinflussen.

Werner Bitter
Juli 2021

Ursprünge I

Als ich begann, mich mit der Geschichte meiner Juister Familie näher zu befassen, stieß ich beim Studium der alten Kirchenbücher
auch auf Ereignisse und Namen, von denen ich nichts wusste oder
nur andeutungsweise gehört hatte. Ich tauchte tiefer ein in die zeitge-
schichtliche Entwicklung der Insel und ihrer Bewohner, entdeckte viel
Wissenswertes, teilweise auch Amüsantes und beschloss, es meinen
Schilderungen über die Lebensspuren meiner Juister Familie voran-
zustellen.

Ganz genau weiß man nicht, wann die ersten Menschen auf Juist
siedelten, und mich bewegt auch viel mehr die Frage, was sie bewogen haben mag, sich auf dieser kargen Insel niederzulassen. Überall
anders musste es besser gewesen sein als auf diesem öden Stück
Erde, dessen Boden kaum etwas abzuringen war. Waren es Verur-
teilte, Ausgestoßene, denen man die bürgerliche Existenz, sofern man
damals davon sprechen konnte, aberkannt, aber das Leben gelassen
hatte? Mit letzter Sicherheit werden wir diese Frage nie beantworten
können.

Aber einen Hinweis auf Besiedelung der Insel erhielt man in neuerer Zeit. Bei Bodenuntersuchungen (Heie F. Erchinger) fand man Hel-
lerkannten (Heller = Salzwiese) aus der Zeit um 1000 n. Chr. mit dem
Abdruck von Rinderhufen. Wo Rinder waren, waren auch Menschen,
folgert man daraus. Diese trockengefallene Hellerkante entdeckte
man am Nordstrand vor den Billdünen. Um das Jahr 1000 lagen die
ostfriesischen Inseln viel weiter nördlich als heute. Diese Hellerkante
könnte also an der Südseite der damals möglicherweise viel breiteren
Insel gelegen haben. Da bleiben noch einige Fragezeichen. Belast-
barer, so meine ich, ist eine Angabe im Ostfriesischen Urkundenbuch,

herausgegeben von Dr. Ernst Friedländer. Dort steht u.a. geschrieben, dass Witzel tom Brook, Herr von Ostfriesland, seine Landschaften aufzählt, darunter auch die ostfriesischen Inseln Borklyn, Just, Burse oder Buise und weitere. Die Urkunde datiert vom 11. September 1398. Sie sagt nichts darüber aus, ob damals auch Menschen auf der Insel lebten, aber wir dürfen es annehmen, denn eine öde Sandbank wäre des Aufzählens kaum wert gewesen.

Ich hoffe mehr zu erfahren, habe aus einem von meiner Mutter aufbewahrten Karton mit Heften und Büchern aus meiner Schulzeit die Abhandlung *De Juest, Zur Kulturgeschichte des alten Eilands* herausgefischt. Nichts erinnert mich an dieses Heft, umso erwartungsvoller beginne ich darin zu lesen. Und dort finde ich auch einen deutlicheren Hinweis auf die Besiedelung der Insel. Henrikus Ubbius verfasste 1530, wahrscheinlich in Rom, eine Beschreibung Ostfrieslands in lateinischer Sprache. Ubbius stammte aus Norden, und sein Name ist vermutlich die latinisierte Form des guten ostfriesischen Namens Hinrich Ubben. Ubbius berichtet über Juest: *Diese Insel zeugt eine wilde Pferderasse, die sich von den Kräutern oben an den höchsten Dünenkuppen unter freiestem Himmel nährt.* Und weiter lässt Ubbius uns über diese Rasse wissen: *...Sie hat sich noch nicht an den Anblick der Menschen gewöhnt, geschweige dass sie ihre Annäherung duldete.* Sehr schnellfüßige Tiere seien es, die man nur durch ausgespannte Leinen einfangen und *in andere Länder abführen* könne.

Aber wir wissen heute, diese Pferde sind nicht durch die See zur Insel geschwommen, sie wurden von Menschen dorthin gebracht und betreut. Die gräflich-ostfriesische Pferdezucht hatte sich bereits im 16. Jahrhundert einen Namen gemacht, und ihr größtes Gestüt befand sich damals auf Juist. Menschen, die das nicht wussten und sich der Insel mit einem Boot näherten, konnten zu Recht den Eindruck gewinnen, Wildpferde auf der Insel gesehen zu haben. Die Tiere lebten dort in völliger Freiheit, vermehrten sich, wobei das Vermehren durchaus gesteuert wurde. Die gräflichen Eigentümer investierten in Zuchthengste, die sie von ihren Stallmeistern für einige Zeit zur Insel bringen ließen.

Allerdings hatte die Insel um die Wende zum sechzehnten Jahrhundert bereits so viel Grünland verloren, dass das Heu für die Winterfütterung der Pferde nicht mehr auf Juist gewonnen werden konnte. – Ja, und da kommen auch die Menschen wieder ins Spiel, denen ich auf die Spur kommen wollte. Auch für sie war ausreichend Grünland Voraussetzung für ein Leben auf der Insel. Ausreichend Grünland, Weideland für die Tierhaltung, war unabdingbar. Und wie ich der zuvor erwähnten Kulturgeschichte entnehmen konnte, hielten die Juister Kühe, Schafe und Ziegen sowie Federvieh. Nicht nur für die eigene Versorgung mit Milch und Fleisch war die Tierhaltung wichtig, auch der gräfliche Hof wollte seinen Anteil. Später ging der Hof dazu über, die ihm zustehenden Abgaben in Geld einzufordern. Welche Möglichkeiten hatten die Insulaner, Geld zu verdienen? Der Verkauf von selbstgezogenem Vieh sowie mit Netzen und Spießen gefangenen Fischen gehörte dazu, ja und natürlich Schill (Muscheln zum Kalkbrennen). Im Zusammenhang mit dem Schill werden die ältesten namentlich bekannten Juister genannt, Sypke und Johan von de Juest, zwei Schiffer, die 1526 in Emden ihre Schiffsladungen verkauften.

Wenn das Glück auf der Seite der Insulaner war, strandete ein Schiff oder verlor seine Ladung und die See warf sie an den Strand. Es wurde gerecht geteilt, so man darin Gerechtigkeit sehen will. Ein Drittel stand dem Landesherrn zu, ein Drittel dem Eigner des gestrandeten Schiffes, das restliche Drittel den das Strandgut bergenden Inselbewohnern. Letztere verkauften es unter Umständen wieder an den Eigner und besserten auf diese Weise ihre Kasse auf. Übrigens, auch der Pastor erhielt seinen Anteil, selbst wenn er nicht unmittelbar an den Bergungsarbeiten mitgewirkt hatte. Dafür musste er jährlich aufs Neue die Strandordnung von der Kanzel verlesen; auch hatte er gemeinsam mit dem vom Landesherrn eingesetzten Vogt die Bergung zu überwachen. Auch die Kirche wurde in dieses *Geschäft* einbezogen. Geborgenes Strandgut wurde dort zwischengelagert; es gab keinen anderen größeren Raum auf der Insel. Geht man von den Nachrichten über Strandungen und Strandgut in früheren Zeiten aus, so scheint der Juister Strand nicht sehr gesegnet gewesen zu sein. Allerdings, so heißt es in dem bereits erwähnten Heft *De Juest*, dürfe man wohl annehmen, *.... daß die meisten Strandungen nicht zu Ohren der Behörden gekommen sind und jedenfalls keinen Niederschlag in den uns erreichbaren Akten gefunden haben.*

Immer häufiger ist in Berichten aus dem 17. und 18. Jahrhundert von Sandstäubungen die Rede. Der Wind blies die Insel davon, könnte man daraus schließen. Und in der Tat konnten die Inselbewohner trotz der auch damals bereits durchgeführten Schutzmaßnahmen durch Anpflanzen von Helm nicht verhindern, dass ihr Weideland weniger wurde. Und die See nagte an der Insel, nahm sich immer wieder ein Stück. Im 17. Jahrhundert, auch das ist überliefert, versank die erste Inselkirche in der See, die ihr zu nahe gekommen war.

Ach ja, die Juister, ihre Kirchen und ihre Pastore. Fünf Kirchen in zweihundert Jahren, wenn wir nur das 17. und 18. Jahrhundert betrachten. Sechs Kirchen sind es, wenn man vom 20.Jahrhundert zurückblickt, die 1910/1911 errichtete katholische Kirche noch nicht mitgezählt. Wann die eben erwähnte erste Kirche erbaut wurde und von wem, hat bisher kein Historiker in den ausgewerteten Quellen entdecken können. Es war vermutlich der kluge Landesherr Ulrich Cirksena, der sie in der zweiten Hälfte des 15. Jahrhunderts errichten ließ. Mich bewegt die Frage, warum auf einem abgeschiedenen Flecken Erde mit selten mehr als zwanzig Haushalten eine Kirche gebaut wurde.

Das Bistum Bremen, zu dem Ostfriesland gehörte, hat sich jedenfalls nicht engagiert, denn sonst wäre Juist im damaligen Kirchenverzeichnis des Bistums aufgeführt worden. Andererseits sind die ostfriesischen Landesherrn nicht durch besondere Frömmigkeit in Erinnerung geblieben. Es spricht also viel für die von Historikern geäußerte Vermutung, die erste Juister Kirche mit ihrem etwa zwanzig Meter hohen Turm (nach anderen Angaben sogar siebenunddreißig Meter und noch höher) sei eine wichtige Landmarke für Seefahrer gewesen. Sichere Schifffahrtswege durch Westerems und Osterems nach Emden, das war immer ein Thema und ist es bis in die heutige Zeit geblieben. Auch zur Verteidigung könnte der hohe Turm gedient haben, ließ uns Dr. Arend Lang, der einst auf Juist lebende Forscher, in einem Festvortrag wissen. Im Turm befanden sich Kämmerchen mit Bettgestellen und Schießscharten. Vermutlich nur mit Hilfe von Strickleitern, die hochgezogen werden konnten, gelangte man dort hin. Auch auf anderen Inseln und an der Küste gab es solche Türme. Es war die einzige Möglichkeit zu überleben, wenn Kriegsschiffe landeten und die Soldaten ausschwärmten, um Wasser und Vieh zu suchen. Bei geringstem Widerstand wurde alles niedergemacht. Übrigens, Dr. Lang glaubte aus den von ihm ausgewerteten Quellen den Bau der ersten Juister Kirche ab 1420 ableiten zu können. Wir, die wir den wissenschaftlich exakten Nachweis nicht benötigen, nehmen es zur Kenntnis.

Es war die schwere Petriflut im Jahr 1651, die die bereits stark angegriffene nördliche Dünenkette durchbrach und die Insel in zwei annähernd gleichgroße Teile zerriss. Dort, wo die See die Insel teilte, stand auch die erste Kirche. Nur wenige Jahre hielt sie noch stand. Im Jahr 1661 macht der Kirchvogt Eilardt Suntken eine Eingabe an die gräfliche Verwaltung. Da heißt es unter anderem .... *das bei vorgewesenem leidigen Sturmwind der alte Kirchturm daselbst durch Kraft der ungestümen Meereswellen heruntergeworfen worden, daß die Steine meistenteils ins Wasser gefallen .... und das wir Eiländer mit gesamter*

Hand und ungespartem Fleiß mit ziemlicher Mühe einige Steine aus dem Wasser wieder hervorgeholet und geborgen haben, welche wir zum Besten der Kirche beiseitegelegt und verwahrt haben. Die Juister führten weiter aus, dass *.... zur Zeit diese Steine für unser Kirchengebäude nicht von Nöten und darin verbaut werden können...* und kamen nun mit dem Vorschlag *.... ist uns der Gedanke eingefallen selbige Steine zu unserer Kirchen Besten jetzt zu verkaufen ...* Die Verwaltung war sich offenbar nicht ganz schlüssig über das korrekte Vorgehen und ordnete an, die Steine zunächst einmal zu zählen und zu verzeichnen. Sollten sie dann nicht *ohne Gefahr der Korruption* weiter aufbewahrt werden können, möge man sie verkaufen. Diese Anordnung ging einher mit der Aufforderung, für die gute Anlage des eingenommenen Geldes Sorge zu tragen. Wie es damit weiterging, kann ich den mir bekannten Unterlagen nicht entnehmen. Ich denke, die Juister bauten mit noch erhaltenen Steinen ihrer ersten Kirche und mit dem Geld von verkauften Steinen ihre zweite, wesentlich kleinere und auf der östlichen Inselhälfte gelegene Kirche. Auf beiden Inselteilen lebten einige Familien. Ich versuche mir vorzustellen, wie die auf dem Westteil lebenden Menschen bei Flut zu den Gottesdiensten gelangten. Denn schon der Hochwasserstand bei einer mittleren Tide dürfte zu einer leichten Überschwemmung der Strandfläche zwischen den bewohnten Inselteilen geführt haben. Wurden die Gottesdienste dem Tidekalender angepasst? Und wie war es im Winter, wenn bei stürmischen Nord-West-Winden viel Wasser in den Durchbruch getrieben wurde, das auch bei Ebbe kaum vollständig ablief? Etwa 5 Kilometer dürften es von der westlich gelegenen Bill-Siedlung bis zur Kirche gewesen sein. Bei eisigem Ostwind kamen die Kirchgänger durchgefroren und vielleicht auch noch mit feuchten Schuhen zum Gottesdienst. Verständlich, wenn manch einer lieber in der geheizten Hütte blieb – und ein Vaterunser sprach.

Bereits wenige Jahrzehnte später standen die Insulaner vor einer neuen Herausforderung. Die Märzflut im Jahr 1715 zerstörte ihre zweite Kirche. Auf Befehl des Landesherrn und mit der Unterstützung aus einer auf dem Festland durchgeführten Sammlung wurde nun auf jedem Inselteil eine kleine Kirche errichtet. Für eine Handvoll Menschen auf der einen wie auf der anderen Inselhälfte jeweils eine eigene Kirche, auch wenn diese vermutlich nicht viel größer waren als die anderen Insulanerhäuser. Offenbar hatte man sich mit dem Gedanken abgefunden, nun zwei bewohnte Inselteile zu haben. Der Pastor hatte jetzt zwei Gemeinden zu versorgen. Beispielsweise vormittags bei ablaufendem Wasser in der Ostkirche, nachmittags dann bei tiefer Ebbe in der Westkirche, das ist denkbar. Nun war es nicht mehr Sache der Kirchgänger, wie sie bei Flut zum Gottesdienst gelangten, sondern der Pastor musste die freie Fläche zwischen den Inselhälften überqueren. Der Durchbruch – Hammer genannt – soll bis zu 2 Kilometer breit gewesen sein. Die Hosenbeine aufgekrempelt, den Talar über die Schulter geworfen, die Schuhe und Socken in der Hand, das Blatt Papier mit den Stichworten zu seiner Predigt in der Jacke verstaut, ja, so könnte es gewesen sein.

Mich beschäftigt der Gedanke, wie die Geschichte der beiden Teile verlaufen wäre, hätte es nicht die verheerende Weihnachtsflut im Jahr 1717 gegeben. Hätte die See die weite Sandfläche zwischen den beiden Inselteilen weiter Jahr für Jahr abgetragen, wäre dort vermutlich ein Seegat entstanden, wie zwischen Juist und Norderney beispielsweise. Hätte es dann einen Namensstreit gegeben? Gäbe es heute ein West-Juist und ein Ost-Juist? Möglicherweise, jedoch die von uns Menschen nicht beeinflussbaren Naturgewalten lenkten das Schicksal des angeschlagenen Eilands in eine andere Richtung. Die Sturmflut zu Weihnachten 1717 gilt als die schwerste aller Sturmfluten an der Nordseeküste. Von Amsterdam bis Tondern kamen 11000 Menschen ums Leben. Die See durchbrach die Billdünen auf dem Westteil von

Juist an vier Stellen, beschädigte die Kirche und alle 18 Häuser, spülte 9 von ihnen ganz fort, und 28 Menschen mussten ihr Leben lassen. Die Überlebenden beschlossen, sich auch auf dem Ostteil anzusiedeln, wo Kirche und Häuser unbeschädigt geblieben waren.

Und was sagt die Geschichtsschreibung über die Menschen, die dort lebten?

Um 1580 ist dem Protokoll des Landrichters zu entnehmen, dass das Leben auf der Insel Juist und die Eigenarten der Juister *„rauh, primitiv und sehr handgreiflich in dieser Abgeschiedenheit"* waren. - Darüber muss man sich nicht wundern, es werden nicht die Frömmsten gewesen sein, die bereit waren, in einem abgeschiedenen Stück der Welt zu leben. Davon berichtet auch der Juister Pastor Cordes, der im Jahr 1680 schreibt: *„Ich kann es hier nicht länger aushalten, hier lebt ein allesamt schlimmes Gesindel, zusammengekoppelt, um Böses zu tun. Ich bitte zu Gott mich von den Juistern zu erlösen und mich zu versetzen."* – Wenn wir uns daran erinnern, wie es in deutschen Landen damals ausgesehen hat, muss uns diese Aussage nicht verwundern. Um 1650 wurde, nach dreißigjährigem Krieg, der westfälische Friede geschlossen. Plündernde Truppen waren umhergezogen, kaum eine Stadt blieb verschont, von vielen Dörfern blieben nur noch verkohlte Trümmer. Menschen verwahrlosten und verrohten, davon gab es noch genügend um 1680, und sicher auch auf Juist.

Ein Jahrhundert später bezeichnet ein hoher Beamter der Königlichen Preußisch-Ostfriesischen Kriegs- und Domänenkammer in Aurich das Betragen der Insulaner als *sehr widerspenstig*. Die Juister seien *ungehorsame Untertanen*. Durch welches Verhalten das Inselvolk sich diesen Tadel eingehandelt hatte, kann ich nicht feststellen. Aber es gefällt mir sehr, dass sie widerspenstig und ungehorsam waren. Untertanen! Allein dieses Wort auf Menschen anzuwenden und sie entsprechend zu behandeln, fordert doch zum Widerstand auf. *Lever dood as Slaav* (lieber tot als Sklave) war schon immer die Devise der Friesen. Und im Wappen Ostfrieslands steht das stolze *Eala fria Fresena*, was in etwa *Steht auf ihr freien Friesen* bedeutet; der Friese kniet vor keinem Herrn. Niemals!

Als der königlich-preußische Beamte den Tadel in seinen Besuchsbericht schrieb, war Gerhard Otto Christoph Janus Pastor auf Juist. Ob er mit diesem Tadel etwas zu tun hat, sogar persönlich betroffen war, darüber wissen wir nichts. Es ist eher unwahrscheinlich. Aber seine Lebenssituation war vermutlich auch nicht viel besser als die seiner Vorgänger. In einer von ihm verfassten Bittschrift an seine vorgesetzte Dienststelle erfahren wir (aus der Jubiläumsschrift „Zweihundert Jahre Kirche im Juister Inseldorf"): *...Da ich schon vierzig Jahre erreicht und die Gelegenheit, meine Umstände durch eine reiche Heirat zu verbessern, hier gänzlich fehlt, so habe ich mich zu einer ehelichen Verbindung mit einem tugendsamen Mädchen entschlossen, das kein Vermögen besitzt...* Die Bitte um Gehaltserhöhung war somit wohl begründet. Wie sie beschieden wurde, ist aus den mir bekannten Unterlagen nicht ersichtlich. Während der Dienstzeit von Pastor Janus, und unter anderem aus diesem Grund habe ich ihn in meine Betrachtungen aufgenommen, wird die fünfte Inselkirche errichtet, an der Stelle, wo auch die heutige steht. Die vierte Kirche, die im Gebiet des heute als Loog bekannten Teils des Inseldorfs stand, war für die auf etwa 350 Seelen angewachsene Gemeinde zu klein geworden. Mich überrascht diese Information. War noch im vorhergehenden Jahrhundert viel von Not und Elend, Verlust an Weideland und damit wichtiger Lebensgrundlage die Rede, hat die Bevölkerung nun deutlich zugenommen. Nur eine verbesserte wirtschaftliche Lage, so meine ich, kann diesen Zuwachs bewirkt haben. Tatsächlich finden sich Hinweise auf Verdienstmöglichkeiten in der Schifffahrt. Um 1750 soll es 32 Schiffseigner auf Juist gegeben haben, und *der Norder Amtmann*

Damm urteilt 1756: ....von keinem Orte dieser Provinz (Ostfriesland) fahren so viele und schwere Schiffe als von Juist, ausgenommen die Stadt Emden... Was hatte diese erstaunliche Entwicklung ausgelöst? Wir erinnern uns: Die Weihnachtsflut des Jahres 1717 hatte viele Häuser zerstört, fast 30 Menschen und fast das gesamte Vieh waren ertrunken. Eine menschliche und wirtschaftliche Katastrophe. Und nur wenige Jahrzehnte später ein völlig anderes Bild. Waren die Abkömmlinge der Menschen, die der Pastor Cordes 1680 als ein *allesamt schlimmes Gesindel* bezeichnet hatte und ihm die Lebensfreude vergällten, zu erfolgreichen Unternehmern geworden? Ja, in der Tat, der zunehmende Verlust an Weideland und die Katastrophe von 1717 hatten eine tiefgreifende Umstrukturierung der Bevölkerung bewirkt. Aber bereits 1772 sind es nur noch 24 Schiffe und 1798 ganze elf. Runde 80.000 Gulden Betriebsvermögen holte sich die See und dazu noch die Menschen. Im Jahr 1771 konnten sich von vierzig auf Juist lebenden Familien nur noch sechs selber unterhalten, vierzehn waren ausgestorben. Zu der Zeit lebte Pastor Altmanns auf Juist. Er schrieb auf *... daß auch er bald kein Geld mehr für Brot habe oder für Öl, bald in Hunger und Durst dahinleben muss oder in Frosteskälte und kann doch nichts ändern."*

Die See fraß sich immer weiter in den Hammer hinein und in 1774, so kann man nachlesen, sei die Westkirche schon längst von der See fortgerissen. Die im Loog stehende Ostkirche war aber schon 1737 zu klein geworden, doch ein 1748 erfolgter Antrag auf Neubau wurde abgelehnt. 1770 steht die vierte Kirche nur noch 50 Schritt vom Strand entfernt. Der Pastor klagt über ihre Baufälligkeit und dass er nicht mehr warm wohnen könne und alle Gärten versandet seien. Das ist die Situation der Insel, als Pastor Janus seinen Dienst antritt. Am 3. März 1772 hält er - ohne Erlaubnis der vorgesetzten Behörde - seinen Eröffnungsgottesdienst in der vierten Inselkirche. - Pastor Janus war sehr rührig. Er verfasste Berichte über die durch See und Wind verursachten Veränderungen der Insel, mit *alleruntertänigst* vorgetragenen Vorschlägen für zu ergreifende Maßnahmen. Er bemühte sich, mit mäßigem Erfolg, den regelmäßigen Schulunterricht der Juister Kinder zu gewährleisten. Er war es, der die vorgesetzten Dienststellen davon überzeugte, den Bau der fünften Inselkirche in Angriff zu nehmen. Und schließlich: Er schrieb 1783 den berühmt gewordenen Brief an den preußischen König Friedrich II, mit dem er vorschlug, auf Juist ein Seebad zu errichten. Darin heißt es unter anderem: ... *Die landesväterliche Sorgfalt, welche Ew. Majestät für die Erhaltung der Gesundheit der Unterthanen beweisen, bewegt mich, hierdurch bekannt zu machen, was ich durch eigene Erfahrung und durch Beobachtung an anderen von dem großen Nutzen des Gebrauchs der Bäder im Seewasser in der bequemsten Jahreszeit wahrgenommen habe ....* Er schreibt ferner, die Seeluft sei immer mit den feinsten Salzkristallen angefüllt, welche durch ihre auflösende Kraft das Unreine aus dem menschlichen Körper wegschaffen können. Eine andere Beobachtung wird die zur Bewertung der Vorschläge eingesetzten Mediziner eher amüsiert haben: Janus berichtet: ... *Oder ist der Magen verdorben und verschleimt bzw. sind weitere Hindernisse vorhanden, welche der Verdauung nachteilig sind, so befördert die Seeluft während der Überfahrt vom Festland zur Insel ein Erbrechen bzw. löst die Säfte, so daß die Zirkulation wieder hergestellt wird und guter Appetit folgt. ... Gerade die Insel Juist wäre zum Aufenthalt von Gästen sehr geeignet. Ich hoffe, daß mein Vorschlag einer näheren Untersuchung gewürdigt und letztere allgemein bekannt gemacht wird.*

Wir dürfen bezweifeln, dass Friedrich II den Brief gelesen hat, aber einen Anstoß gegeben hat das Schreiben doch. Janus handelte vermutlich in der Hoffnung, auf diese Weise auch seine persönliche wirtschaftliche Lage verbessern zu können. Er war erfolgreich, wenn auch anders als er es sich vorgestellt hatte. Die zur Beratung dieser Eingabe angesprochene königliche Kommission griff den Gedanken auf und entschied sich für die Gründung eines Seebades. Allerdings erst Jahre später, 1794 in Doberan an der Ostsee und einige Jahre später auf Norderney. Juist musste noch einige Jahrzehnte warten. Aber trotzdem haben die Juister dem Pastor Janus, fast zweihundert Jahre später, ein Denkmal errichtet; nicht in Marmor oder Bronze, sondern in Form einer kleinen Grünanlage, die seinen Namen trägt. Kaum 150 Meter entfernt von der Stelle, an der er die fünfte Inselkirche errichten ließ, findet man den Janus-Platz.

Da ich bereits in einhundert Jahresschritten die von den jeweiligen Zeitgenossen protokollierten und nicht sonderlich schmeichelhaften Aussagen zu den Juistern von 1580 bis 1780 aufgeführt habe, möchte ich mit einem Satz aus einem Ostfrieslandbuch aus dem Jahr 1880 diese Betrachtung abschließen: *Auf Juist trifft man ein Inselvölkchen, das treu und bieder, gerade und ehrlich ist und nur von einem Dichter als Korsaren und Strandräuber verunglimpft werden mag.* Im Jahr 1880 wurde mein Juister Großvater geboren. Wenn ich davon ausgehe, dass die eben zitierte Aussage die damaligen Verhältnisse weitgehend korrekt wiedergibt, so ist mein Großvater schon in einem zivilisierten Umfeld aufgewachsen. Wir werden darüber noch mehr lesen.

Ursprünge II

Die Geschichte meiner Heimatinsel beschäftigte mich wieder in diesen Tagen an der See. Den Ursprüngen menschlichen Lebens hier wollte ich auf die Spur kommen. Nicht weiter bin ich damit gelangt, als die mir zur Verfügung stehenden Quellen es zulassen. Immerhin, einiges Wissen ließ sich zusammentragen. Bereits im ausgehenden Mittelalter lebten Menschen auf der Insel Juist, das lässt sich mit einiger Sicherheit sagen. Zu Beginn der Neuzeit mehren sich die Informationen über das Leben auf der Insel. Im vorhergehenden Kapitel habe ich es knapp zusammengefasst dargestellt.

Juist war wohl, einen anderen Grund gibt es nicht, wegen des Gestüts für den Landesherrn von besonderer Bedeutung. Insofern kam den Vögten als verlängerter Arm der herrschaftlichen Verwaltung eine besondere Funktion zu. *Der älteste überhaupt bekannte ostfriesische Inselvogt war Evert van Pylsum, Amtman up der Juest, der mindestens von 1516 bis 1534 dieses Amt bekleidete,* heißt es in *De Juest, Zur Kulturgeschichte des alten Eilands.* Seine Amtsgeschäfte hat er wohl von Emden aus geführt, wo er ein angesehener Bürger und in den 20er Jahren des 16. Jahrhunderts auch Stadtbaumeister war. Über seine soziale Stellung gibt ein erhaltener Heiratsvertrag seiner Tochter Swane Auskunft, die er 1534 einem Ede Jeltkins zur Frau gab. Als Mitgift erhielt sie ....*ein halbes Haus in Emden, zwei Ochsen im Werte von je 20 Gulden, eine Stallkuh, und eine Ausstattung <wall gekledet, so een borgers dochter to steiht>.* Von Zeit zu Zeit, möglicherweise auch nach vom Landesherrn vorgegebenen Weisungen, hat er sich zur Insel übersetzen lassen, um nach dem Rechten zu sehen. Ob Tochter Swane wohl gerne einmal mitgefahren wäre, frage ich mich. Sicher hat der Vater gelegentlich von seinen Reisen berichtet. Vielleicht hat es sie auch gegraust, wenn der Vogt seine Berichte mit übertrieben finsteren Geschichten über das Leben auf der Insel würzte. Für Menschen die in einer befestigten Stadt lebten, müssen Inseln mit den wenigen dort in Hütten ähnlichen Behausungen lebenden Personen, sehr exotisch gewesen sein.

Die Nachfolger des Evert van Pylsum lebten offenbar überwiegend auf der Insel, waren nicht selten auch Insulaner. Die älteste bekannte Bestallungsurkunde für einen Juister Vogt datiert vom 4.5.1631. Sie wurde für einen Joris Janßen ausgestellt und vom Landesherrn eigenhändig unterzeichnet. Sie sagt viel darüber aus, wie damals auf der Insel gelebt wurde, daher will ich sie in Auszügen und mit Kommentaren hier wiedergeben.

Unter 1) heißt es da, der Vogt möge einen leiblichen Eid schwören, *.... daß er Uns und Unseren Erben getreu, hold und gehorsam sein möge ...* Nun, dies ist leicht gesagt, aber unter den herrschenden Bedingungen sicher nicht immer leicht umzusetzen. Der Graf nimmt den Pluralis Majestatis für sich in Anspruch, nehme ich verwundert zur Kenntnis. Seine Vorfahren waren ostfriesische Häuptlinge, er ist nun „Wir" und von Gottes Gnaden.

Ein Verzeichnis möge er anlegen, heißt es unter 2), zur genauen Erfassung aller Einwohner des Eilandes, woher sie gebürtig, wie lange schon auf der Insel, sowie eine umfassende Auflistung ihres Besitzes usw. *... damit Wir jederzeit wissen, wie auf dem Eyland gelebet werde.* Warum um alles in der Welt will der Landesherr diese Details von kaum zwei Dutzend ärmlichen Haushaltungen wissen, frage ich mich. Wenn man allerdings erfährt, wie argwöhnisch selbst der kleinste Handel überwacht wird, der unter der Hand erfolgte Verkauf von Kaninchenfellen geahndet oder die nicht ausreichende Lieferung von Fisch oder Schlachtvieh empfindliche Strafmaßnahmen auslöst, kann man ermessen, wie engmaschig der Hof seine Untertanen überwacht, um seinen Haushalt in Ordnung zu halten.

...Keinem Neuen möge er erlauben auf dem Eyland zu wohnen und ihm gar Land Weide und Schifffahrt zu gebrauchen gestatten ..., heißt es unter 3), es sei denn mit dem Segen der fürstlichen Beamten. Auch hier wird wieder das Prinzip der Überwachung sichtbar. Ein nicht registrierter Untertan könnte ausschließlich zu eigenem Vorteil wirtschaften und den Hof um den ihm zustehenden Anteil bringen.

Dass ein jeder *treu, fromm und aufrichtig lebe,* darauf möge er achten, wird dem Vogt unter 4) aufgetragen. Und wenn jemand eine Missetat beginge, ihn *... so an Leib und Leben strafen, denselben soll er alsbald gefangen nehmen und an das Amtshaus mit Angabe seiner Verbrechen wohlverwahrt einliefern....*Aber auch Schlägereien und *wörtliche Injurien* soll er *fleißig aufzeichnen,* Strafgelder einfordern und *alle Jahr auf Michaelistag* abliefern. - Das ist stark, sogar an den Streitereien seiner Untertanen will der Fürst noch verdienen. Und auf de Juest wird viel gestritten, wie an anderer Stelle mit Auflistung der Streithähne aufgezeichnet ist. Die verhängten Strafen (Brüche genannt) in Form guter Reichsthaler sind erheblich.

Viermal wöchentlich soll er gemeinsam mit zwei Begleitern den Strand des Eylandes *... ringsum umreiten und gute Aufsicht haben, daß davon ohne Unsern Befehl und Erlaubnis nichts an Erde, Sand Soden, Gras, Rohr oder andere Medländereien abgegraben noch die Hasen und Kaninchen gejagt oder gefangen werden ....* wird unter 5) angeordnet. Solche Eingriffe zum Nachteil des Landesherrn soll er, wenn es ihm möglich ist, mit *Pfändung der Schiffe* und wenn nötig mit Hilfe der Einwohner des Eylandes abwehren. - Hier wird offenbar der räuberische Angriff von Festländern oder Bewohner anderer Inseln unterstellt, die per Schiff auf de Juest gelangt sind. Da kann man nur hoffen, dass die Eindringlinge nicht im Dutzend ankommen und mit Schuss-, Hieb- und Stichwaffen ausgerüstet sind.

Das Thema Schiffbruch darf in der Urkunde nicht fehlen, denn ein *gesegneter* Strand verheißt Einkünfte für die fürstliche Kasse. Unter 6) wird dem Vogt aufgegeben: *Auf die durch Schiffbruch oder anderes*

Unheil angestrandeten oder geborgenen Güter soll er mit allem Fleiß sehen, daß, was möglich, zu retten, gerettet, fleißig und ohne Betrug zusammengebracht wohl verwahrt .... werde.... Den Beamten soll er ungesäumt einen vollständigen Bericht zukommen lassen und dafür sorgen, dass *... die Teilung redlich gemacht und nichts unterschlagen werde. Denn sollte Uns durch Betrug oder Nachlässigkeit einiger Schaden entstehen, denselben wollen Wir Uns von ihm zu holen vorbehalten.* - Ein probates Druckmittel wird hier angewandt. Solltest du, unser verlängerter Arm auf der Insel, gemeinsam mit den Untertanen etwas zum eigenen Vorteil auf die Seite schaffen und wir hören davon, werden wir uns bei dir schadlos halten. Egal wer beteiligt war, den angerichteten Schaden bezahlst du uns. Da dürfte der Vogt sich schon überlegen, ob er dieses Risiko eingeht. Wie rigoros der Hof vorgeht, lese ich an anderer Stelle (Dr. H. Reimers; Ein Rechtsstreit auf Juist). Edzard II hatte ein Mandat an die Juister Fischer erlassen, um sie zu regelmäßiger Lieferung vorgegebener Mengen Fisch anzuhalten, eine Art Steuer gewissermaßen. Unzufrieden mit den Fischlieferungen in einem Jahr, werden dem Vogt Teile seines Gehalts nicht gezahlt. Der beschlagnahmt und verkauft daraufhin zwei Ochsen des Juister Landwirts Harmen Dirks, um seinen Schaden zu kompensieren. Dirks wehrt sich, kann sich aber nicht durchsetzen. Es vergeht einige Zeit, bis sich die Gelegenheit bietet, beim Landesherrn eine Audienz zu bekommen. Dirks trägt ihm vor, völlig zu Unrecht um zwei Ochsen gebracht worden zu sein. Da er auch in der Lage ist, mit Unterstützung des früheren Vogtes die Namen der schuldigen Fischer, Reiner Ubben und Poppo Feiken, zu nennen, wird vom Grafen wie folgt Recht gesprochen: *Wir Edzarth Graf und Herr von Ostfriesland fuegen Euch, Unserem Vogt und Unserem Auskündiger uff der Juist und lieben Getreuwen Lammert Johanß und Hindrich Martens hiemit zu wissen, daß Unser Unterthan Harmen Dirks supplicando forgebracht welcher gestallt Ihm verruckter Jahren auß mißverstand ein Pahr vierjehrige Ochsen abgenommen, so doch nicht er, sondern andere wegen nicht* *folgeleistung unsers ausgegangenen mandates brockfellig gewesen, derowegen wir den auch ihm hiebevor unser befehlich schrifft zu Euch mittgetheilet, Ihnen zur Bezahlung der abgenommenen Ochsen bei den ungehorsamen Fischern zu verhelfen. Welchenn aber bis anhero wegen dessen, daß die Namen der Bruchselligen nicht specificiret bis anhero keine folge geschehen.*

Ein Vergehen wurde damals auch als Bruch bezeichnet. Und da die Namen der Übeltäter, der *Bruchselligen"* bisher nicht *specificiret* waren, konnte Edzarth bisher auch nicht Recht sprechen. Das holte er jetzt nach. ... *Als befehlen wir Euch sambttlich und sonderlich hiemit gnediges ernstes, daß Ihr gedachten Reiner Ubben und Poppo Feiken ernstlichen ufferleget, supplicanten Harmen Dirks die abge-nommenen zwei Ochsen zwischen dato und nebstkunftigen Michaelis unverzuglich und ohne verweigerung zubezahlen und clageloß zu ma-chen bei Poen 10 Goldgulden. ....*
Berumb den 22. Augusti Anno 1591

Das Ganze mit dem gräflichen Siegel versehen. Und auch noch 10 Goldgulden Strafe angedroht bei Nichtbefolgung. Interessant ist, der Graf fordert nicht den Vogt, der die Ochsen requiriert und verkauft hatte, zur Wiedergutmachung auf, sondern *verdonnert* die saumseli-gen Fischer. Die Klage des Harmen Dirks war somit erfolgreich; die sogenannten *kleinen Leute* waren also doch nicht gänzlich ohne Bei-stand, stelle ich zufrieden fest.

Was lesen wir noch in der Bestallungsurkunde: Unter 7) geht es wieder um die gleiche Sache. Der Vogt möge ... *Unsere auf dem Eyland fälligen Renten und Einkommen* rechtzeitig einsammeln und am verordneten Ort abliefern und sich ... *auch darüber quittieren las-sen, denn wo er auch hierin nachlässig, soll er Uns den Schaden und Abgang aus dem Seinen erstatten. –* Der Vogt wird am kurzen Zügel gehalten, aber vermutlich wäre eine erfolgreiche Regentschaft in damaligen Zeiten auf andere Weise gar nicht möglich gewesen. Nun ja, ist es in heutiger Zeit so viel anders?

Keinem soll es erlaubt sein, auf der Insel *nach eigenem Gefallen* etwas zu bauen oder zu verändern, gibt die Urkunde unter 8) vor. ... *darum Unser Vogt gute Aufsicht haben soll, daß keiner mehr Ländereien gebrauche noch dieselben anders bestelle, als wir ihm zu Anfang seiner Verpachtung gegönnt haben.* – Also nicht einmal anders bestellen darf ein Pächter sein Fleckchen Erde, wenn er es aus guten Gründen für richtig hält. Das ist nun mehr als kleinlich, steckt doch der Gedanke dahinter, ein Pächter könnte bei anderer Bewirtschaftung größeren Gewinn erzielen und die Herrschaft wäre nicht daran beteiligt. Die mittelalterliche Feudalwirtschaft ist noch in voller Blüte. Andererseits soll der Vogt der Herrschaft durchaus darstellen, wie bspw. durch Verpachtung der unverpachtet gebliebenen Ländereien das Einkommen verbessert werden kann. Dazu wird unter 9) festgelegt: Einen ausführlichen Bericht soll er liefern ... *und was Wir darauf verordnen mit fleißigem Gehorsam folgen und verrichten.* – Fleiß und Gehorsam der Untertanen sind die tragenden Säulen einer repressiven Herrschaft. Es sollte noch rund einhundertfünfzig Jahre dauern, bis dieses Prinzip mit der Französischen Revolution erstmals in Europa in Frage gestellt wurde.

In 10) geht es dann recht ausführlich um die Entlohnung des Vogts. Fünfzig „schlechte" Taler soll er jährlich bekommen, dazu zwei Kühe, Weideland für seine Pferde, Heu und Gras usw. Kaninchen dürfe er für *sein Haus genießen* aber nicht zum Zweck des Gewinns an andere verkaufen. ... *Auch soll er alleine auf dem Eyland Wein und Bier schenken dürfen und den Krug haben und nur an Uns die verordnete Wein- und Bierakzise bezahlen ....* Von den verordneten Bußgeldern soll ihm *der zehnte Pfennig zu genießen gestattet* werden.

Kein Wort verliert diese Bestallungsurkunde über die Beziehungen des Vogts zu den Insulanern. Er muss sich doch mit ihnen gut stellen, will er seiner Aufgabe bestmöglich nachkommen. Müsste er nicht dazu angehalten werden, im guten Einvernehmen mit dem Inselvolk zu leben, es zu fördern und zu unterstützen bei allen Tätigkeiten, die den Lebensunterhalt sichern, und die verwundbare Insel schützen? Letztendlich sichert er doch auf diese Weise auch Besitz und Einkommen des Herrscherhauses. Aber im 17. Jahrhundert war der Adel in mancher Hinsicht noch in der spätmittelalterlichen Gedankenwelt zuhause. Eine Verbrüderung ihres Bevollmächtigten mit den Untertanen war unerwünscht, man hätte ja manchen Handel an der Obrigkeit vorbei steuern können. Nein, man regierte mit harter Hand, das hatte sich bewährt.

Der Vogt jedoch, durch das Wasser vor überraschender Kontrolle durch seine vorgesetzte Dienststelle geschützt, musste sich mit den Insulanern arrangieren. Er wird kaum viermal die Woche mit zwei Bewohnern die lange Insel mit dem Pferd umritten haben. Gutgestellt hat er sich mit den Einheimischen, denke ich, hat mal den einen, mal den anderen zu einem Erkundungsritt aufgefordert. Es war ja im Interesse aller, über eine Strandung oder über angeschwemmtes Strandgut rechtzeitig Bescheid zu wissen. Joris Jansen allerdings, für den die Bestallungsurkunde ausgestellt wurde, hat es nicht verstanden, sich mit den Insulanern zu arrangieren. Nur fünf Jahre blieb er im Amt, dann wurde ihm der Prozess gemacht. Er hatte es wohl zu wüst getrieben mit seiner Herrschaft über das Inselvolk. Das wiederum war auch nicht im Sinne des Grafen.

Das Gestüt, ich hatte meinen Bericht eingangs damit begonnen, möchte ich noch etwas eingehender betrachten. Die auf Juist betriebene gräflich-ostfriesische Pferdezucht muss für einige Zeit recht erfolgreich gewesen sein. Es wurden häufig Zuchttiere hinzugekauft. Im Jahr 1608 konnte Graf Enno III dem englischen König Jakob I vier Pferde schicken, begleitet von einem Stallmeister (das war immer ein Adeliger), zwei Edelknaben und Helfern. König Jakob I war selbst ein erfolgreicher Züchter, und so darf man davon ausgehen, dass die ostfriesischen Pferde von herausragender Qualität waren. Ein nobler Gruß von der Pferdeinsel Juist. Die Pferdetransporte von und zur Insel stellten zweifellos eine besondere Herausforderung dar. Damals wie auch heute noch konnten tiefgehende Schiffe nicht durch das Watt zur Insel gelangen. Es werden flachgehende offene Segelboote gewesen sein, mit denen man übersetzte. In Greetsiel hatte man Tauwerk, Halfter und auch Bier an Bord genommen ... *so den Bauern daselbst verehret, daß sie die Fohlen fangen und zu Schiffe bringen helfen.* Freibier für die Juister Helfer also. Manch einer mag sich dabei Blessuren zugezogen haben. Es gab weder Hafen noch Anleger. Die Boote werden während des Gezeitenwechsels im Watt beladen worden sein; über Stege gelangten die Pferde an Bord, so stelle ich es mir vor. Während des Gezeitenwechsels von Ebbe auf Flut deshalb, um mit den Pferden an Bord auch bald in Richtung Festland segeln zu können.

Graf Enno ist selbst mehrmals auf der Insel gewesen. Ein Vorauskommando erkundete *...ob s'uffm Eylandt auch gesund wäre.* Dann rückte der Burggraf von Greetsiel mit Helfern und Feldausrüstung an, um Zelte für den Grafen, seine Söhne und Bedienung aufzuschlagen. Dies war offensichtlich komfortabler als die ärmlichen Behausungen der Inselbewohner zu nutzen.

Juist verfügte im Spätmittelalter und zum Beginn der Neuzeit über ausreichend Weideland. Das war die Voraussetzung für die Ansiedelung einer Pferdezucht. Bis zu siebzig Pferde, so heißt es an einer Stelle in alten Unterlagen, weideten dort. Unterstellt man im Durchschnitt zwanzig Haushaltungen - das ist ausreichend belegt - die alle

Kühe, Schafe, Schweine und vereinzelt auch Pferde hatten, bekommt man eine Vorstellung davon, wieviel Weide- und Ackerland benötigt wurde. Aber bereits um die Wende vom 16. zum 17. Jahrhundert hatte die See der Insel manchen Schaden zugefügt und die Nutzflächen ernährten die Pferde nicht mehr. Es musste Futter zugekauft werden. Auf der damals noch vorhandenen Insel Bant wurde gemäht, aber auch auf dem Festland wurde Heu gekauft.

Graf Enno hatte im Ostteil von Juist einen Stall – wohl eher eine offene Halle - bauen lassen, wo die Pferde im Winter gefüttert wurden. Bereits ein Jahr später ordnete er an, die Halle wieder abzubrechen und weiter westlich neu aufzubauen. Der damals auf Juist amtierende Vogt Hinrich Luiken war nicht nur des Schreibens kundig, sondern offenbar auch jemand, der mitdachte und selbst den Widerspruch nicht scheute. In einem an den Grafen gerichteten Brief von 1601/1602 schreibt er von der Weisung zum Umsetzen der Halle, die er vom Amtmann Reiners aus Greetsiel erhalten habe. Er beteuert E.G. (Euer Gnaden) gehorsamer Diener sein zu wollen, müsse aber auf folgenden Sachverhalt hinweisen:

... daß solches Haus auf dem angedeuteten Ort nicht wohl dienlich oder bequem in Anbetracht, daß das Eilandt dort am schwächsten und viele der weißen Sanddünen, so E.G. letztmal gesehen, da gegenüber gelegen und nun so feinartig mit jungem Helm und Gras besetzt und wachsend, daß es eine Lust ist anzusehen." Würde das Pferdehaus an diese Stelle gesetzt, führt Luiken dann weiter aus, bestehe Gefahr dass der junge Helm *zur Winterzeit von den Pferden zertreten und im Fressen abgerauft und vernichtet* würde. Als Folge würde dann *wenn der Helm vertilget* der Dünensand *bei schweren Windeszeiten* davon geweht werden. Der Vogt weist ergänzend auf die bereits vollzogene Umsiedlung einiger Insulanerhäuser hin und erwähnt auch, dass die Kirche bereits mit Sand überweht werde. Der sehr umsichtige Hinrich

Luiken gibt mit diesem Schreiben eindeutige Hinweise auf die sich zuspitzende Situation im mittleren Inselteil, dort, wo auch die erste Kirche steht. Luiken war offenbar von Amtsträgern angegriffen worden, weil er sich weigerte, der Aufforderung zum Umsetzen der Halle nachzukommen. Mit diesem direkt an den Landesherrn gerichteten Brief versucht er ihn mit nachvollziehbaren Argumenten von den nachteiligen Folgen zu überzeugen. Einen Seitenhieb auf des Grafen Beamte lässt er auch nicht aus:

.... Ob nun ein solches Haus anderswo hinzusetzen, wie es von dem Auskündiger oder anderen Leuten vorgestellt worden ist, so haben dieselben so viel Witz nicht oder Sinn im Gehirn, daß sie E.G. und des Landes Bestes können bedenken, haben auch – wie ich als ein alter Hausmann - kein Verstand....

Wie der Graf entschieden hat, konnte ich nirgends nachlesen. Wahrscheinlich blieb die Halle dort wo sie stand. Aber die nie ermüdende See nagte weiter an der Insel, das Weideland schrumpfte und Graf Enno, in großer Sorge um seine Pferdezucht, wollte den Insulanern die Viehhaltung verbieten, um mehr Weideland für seine Pferde zu behalten. Eine erste Eingabe der Juister, doch von dieser Anordnung abzusehen, war erfolglos. Und wieder griff man zur Feder, um den Grafen *flehentlich* zu bitten:

... uns zur Erhaltung unserer armen Weiber und kleinen Kinder den Ackerbau, den wir angefangen haben fernerhin zu bestellen und nur noch dies Jahr allein die Früchte davon zukommen zu lassen ... Sollte der Graf bei dem ausgesprochenen Verbot bleiben, würden sie sich *...samt und sonders aus Not und großer Bedrängnis an einen anderen Ort begeben und unsere schmale Kost und eine Verbesserung suchen müssen....*

Es konnte nicht im Sinne Graf Ennos sein, die Eiländer zu vertreiben. Er rückte von seinem Vorhaben ab. Verschiedene Gründe mögen dabei eine Rolle gespielt haben, nicht zuletzt auch die Einnahmen. Immerhin 140 Reichstaler mussten die Insulaner gemeinsam aufbringen, nachdem der Hof von der Zahlung in Naturalien abgerückt war.

Im Jahr 1628 gab Graf Enno die Pferdezucht auf Juist auf. Den Juistern ist das offensichtlich gut bekommen. Obwohl der Zustand der Insel sich weiter verschlechtert hatte, wurde 1655 ein erstaunlich großer Viehbestand auf der Insel registriert. Die Juister konnten nun über das gesamte nutzbare Weideland verfügen, so lässt sich dieser Zuwachs erklären.

Eine Pferdeinsel sei Juist schon vor Jahrhunderten gewesen haben wir erfahren. Sie ist es auch heute noch. Wenn in den frühen Morgenstunden die Arbeitspferde der Juister Fuhrunternehmer in leichtem Trab von den östlichen Hellerflächen zu ihren am Ortsrand gelegenen Ställen unterwegs sind, unterscheidet sie auf den ersten Blick nichts von ihren Ahnen aus dem Gestüt der Cirksenas.

Mit dem Blick auf die Ursprünge der Insel Juist, beginnend im ausgehenden Mittelalter bis zum Ende des 18. Jahrhunderts, habe ich versucht, Leserinnen und Lesern eine Vorstellung davon zu vermitteln, wie menschliches Leben dort ausgesehen hat. In den ersten Jahrzehnten des 19. Jahrhunderts sah es auf Juist nicht anders aus als in den letzten des vergangenen. Das wirtschaftliche Leben war vom Niedergang der Seeschifffahrt gekennzeichnet. Die im Zusammenhang mit Napoleons Kriegsführung errichtete Kontinentalsperre unterband jeden Seehandel mit England. Das führte zum vollständigen Zusammenbruch des einzigen Wirtschaftszweiges, der Seeschifffahrt. Französisch/holländische Besatzungssoldaten hatten die Befehlsgewalt auf Juist. Die Kirche wurde zur Festung umgebaut. Als die „Franzosenzeit" 1815 endgültig endete, waren die Juister völlig verarmt. Ein Zweig meiner Vorfahren mütterlicherseits lebte damals bereits auf Juist. Ein anderer Zweig kam etwa Mitte des Jahrhunderts hinzu. Um mehr darüber zu erfahren, begann ich die Kirchenbücher einzusehen und alte Dokumente aus dem Familienbesitz auszuwerten. Anhand der dort gefundenen Daten und Berichte habe ich versucht, das Leben auf Juist in der zweiten Hälfte des 19. Jahrhunderts darzustellen, beginnend mit der Suche nach meiner Ururgroßmutter, die vom Festland kam, einen Sohn mitbrachte und den Juister Fährschiffer heiratete.

Spurensuche

„Scheißwetter, was" meinte der junge Mann vom Parkservice, als er mein Auto übernahm. Ein kräftiger Südwestwind blies über die Mole in Norddeich und trieb dabei vom Atlantik mitgebrachte Wolken vor sich her. Feiner Sprühregen behinderte die Fernsicht. „Man kann es sich nicht aussuchen" antwortete ich und nahm mein Gepäck auf. „Auf der Insel werde ich die Sonne finden" fügte ich hinzu, sah noch seinen spöttisches Blick, hörte sein „Viel Spaß beim Suchen" während ich in Richtung Fähre davonging.

Die Gangway zeigte nach unten, verriet mir durch ihre Neigung den niedrigen Wasserstand. Wir würden mit der auflaufenden Flut zur Insel fahren. Der kräftige Südwest würde die Flut unterstützen und ausreichende Wassermassen in das Watt drücken. Keine Gefahr für das Schiff, an den Untiefen im Juister Watt eine unfreiwillige Fahrtunterbrechung in Kauf nehmen zu müssen.

Ich hatte es mir im hinteren Teil des Salons bequem gemacht. Zwei, drei bekannte Gesichter waren mir aufgefallen auf dem Weg dorthin, aber niemand, den ich hätte begrüßen müssen, und vor allem keiner, dem ich mehr Aufmerksamkeit schuldig gewesen wäre. Ich nahm die Unterlagen aus der Tasche, deren Lektüre ich einem unverbindlichen Gespräch vorzog. Einen Kaffee bestellte ich mir noch bei der freundlichen jungen Frau von der Bordrestauration, dann räkelte ich mich behaglich in meinem Stuhl zurecht und schlug die Unterlagen auf, deren Inhalt mich heute zur Insel führte. Alte Dokumente über das Haus der Großeltern auf der Insel, die ich mitgenommen hatte, als das Haus verkauft wurde. Erst Jahre später war ich dazu gekommen, die Unterlagen grob zu sichten. Nun fuhr ich wieder zur Insel. In den alten Kirchenbüchern würde ich, so meine Hoffnung, ergänzende Informationen finden.

Ich hatte kaum mit der Lektüre begonnen, als sich am Nebentisch schräg hinter mir fünf Damen mittleren Alters mit viel Stühlerücken und vernehmlich geäußerter Lebensfreude niederließen. Es waren noch viele Tische frei, warum musste es ausgerechnet der Nebentisch sein; die erhoffte Ruhe zum Lesen während der Überfahrt sah ich schwinden. Leicht resigniert wandte ich mich wieder meinen Unterlagen zu.

Als wir das alte Insulanerhaus der Großeltern endgültig leerräumten, hatte ich die Dokumente eher zufällig entdeckt. Die alte Kommode stand schon in meinen Kindertagen auf dem Speicher und wahrscheinlich hatte sie Jahrzehnte vorher auch bereits dort gestanden. Ein rötlichbrauner Anstrich hatte das Holz möglicherweise vor stärkerem Angriff durch Luftfeuchtigkeit bewahrt.

Zwei große Schubladen in Kommodenbreite und zwei darüber angeordnete nebeneinanderliegende kleine, so stand sie vor mir. Sie sollte nach unten geschafft werden. Die Schubladen waren leer, wusste ich von früheren Untersuchungen. Als Kind glaubte ich etwas Besonderes in dem alten Möbel entdecken zu können. Tatsächlich hatte ich in einer Schublade Krimskrams vorgefunden mit dem ich nicht viel anfangen konnte. Einige Muscheln, die jemand vom Strand mitgebracht und dann vergessen hatte, und eine Zigarrenkiste ohne Deckel, in der mehrere alte Abzeichen und sogar eine im ersten Weltkrieg erworbene Auszeichnung aufbewahrt worden waren. Ich brachte den Fund nach unten, daran erinnerte ich mich vage. Dort wird der Inhalt der Zigarrenkiste in einer anderen Schublade zwischengelagert worden sein, bevor er auf irgendeine Weise entsorgt wurde.

Um das Transportgewicht der Kommode zu verringern, beschloss ich die Schubladen zu entfernen, das würde die Handhabung vereinfachen. Ich zog an der unteren Schublade, die sich jedoch nur ein

Stück weit herausziehen ließ. Klar, dachte ich, der feuchte Dachboden hat seine Spuren hinterlassen. Gut zehn Minuten zog, stieß, zerrte und ruckelte ich, bis die beiden großen und eine der beiden kleinen Schubladen neben der Kommode lagen. Die letzte, es war die auf der linken Seite, bewegte sich keinen Zentimeter. Und plötzlich wusste ich, genau das hatte ich bereits erlebt, als ich in meinen Kindertagen die alte Kommode untersuchte. Da die Ausbeute damals gering und die beiden anderen Schubladen leer gewesen waren, hatte ich das Interesse verloren. Jetzt ärgerte ich mich über die sich verzögernde Entrümpelungsaktion und insbesondere darüber, nicht gleich getan zu haben was ich nun beschloss. Ich holte ein Beil und schlug das Möbel auseinander. Als die linke kleine Schublade frei wurde, blickte ich überrascht auf einen grauen Aktendeckel, der etwa fünf Zentimeter Papier einschloss. Zwei Gummibänder hielten den Stoß zusammen. Vorsichtig nahm ich ihn auf, rümpfte die Nase, als ich Muffgeruch wahrnahm und zog an den Gummibändern. Kurz wanderten meine Gedanken zurück in die Kindheit. Die Großmutter hatte solche Gummibänder für ihre Einmachgläser benutzt, und einen Moment lang glaubte, ich den Duft eingemachter Brombeeren riechen zu können.

Vorsichtig begann ich die zum Teil zusammengefalteten oder in Briefumschlägen steckenden Dokumente zu sichten. Manche waren vergilbt oder auch an den Rändern von Feuchtigkeit angefressen, andere wiederum trotz ihres Alters in hervorragendem Zustand. Es handelte sich um Dokumente, die das Haus betrafen, dies wurde mir schnell klar. Baugesuche für An- oder Umbauten, Bauscheine, alte Versicherungsunterlagen der Brandkasse und zwei *Kauf-Contracte* von 1854 und 1866.

Hatte die alte Kommode ihren Inhalt nicht hergeben wollen? Möglicherweise hatten auch andere Hausbewohner in der Vergangenheit bereits versucht die klemmende Schublade zu öffnen und den Versuch abgebrochen, nachdem voraussehbar war, dass sie nichts enthielt, schließlich waren die anderen Schubladen auch leer gewesen. Ich sah es als Glücksfall. Vermutlich hätten andere den alten Papierkram entsorgt. Mich interessierten die Dokumente, und so tauchte ich in die Welt der Ahnenforschung ein. Meine Ur-Urgroßmutter, Sara Wäcken, beschäftigte mich seit einiger Zeit. Sie brachte den Familiennamen, den Mädchennamen meiner Mutter, auf die Insel. Die Urmutter nenne ich sie. Kaum mehr als ihren Namen weiß ich. Einen unehelich geborenen Sohn brachte sie mit auf die Insel, meinen Urgroßvater Jürgen Wäcken. In den vorgefundenen Dokumenten gibt es keinen Hinweis, keine Spur die weiter führt, die mir mehr über Sara verrät.

„Nich lang schnacken, Kopf in'n Nacken" tönte es vom Nebentisch. Ohne den Kopf zu wenden weiß ich als gebürtiger Norddeutscher was nun geschieht. Die fünf Damen nehmen mit nach hinten gekipptem Kopf etwas Hochprozentiges zu sich, nordisch klar vermutlich. Hoffentlich gibt nicht jede der Damen eine Runde, denke ich beiläufig. Nein, das wohl nicht, aber jede musste einen Witz erzählen. Also, was da zu hören war, gab es früher nur auf Herrenabenden.

Das wird nichts mehr. Ich schob die Unterlagen in meine Aktentasche, zog meine warme Jacke an und ging an Deck. Es regnete nicht mehr, aber die geschlossene Wolkendecke ließ nur fahles Tageslicht zu. Die Insel lag wie ein langer dunkler Balken an Steuerbord. Meine Gedanken kehrten zum Thema meiner Reise zurück. Meine Ur-Urgroßmutter kam vom ostfriesischen Festland, soviel steht fest. Was mag sie empfunden haben, als sie erstmals zur Insel übersetzte. Vermutlich war es ihr Mann oder zukünftiger Mann, der sie mit seinem Boot „heimholte". War es ein Tag wie der heutige, mit Wind aus Nordwest, der den Schiffer zum Kreuzen zwang? Er wird Stunden gebraucht haben, bis die Segeltjalk die Insel erreichte. Kein Hafen wartete auf das ankommende Schiff, nicht einmal ein Landesteg. Umsteigen auf ein kleines Ruderboot, um der Insel näher zu kommen, und dann die letzten Meter durch das Wasser watend, so erreichte man damals sein Ziel. Später, als Feriengäste zur Insel fuhren, wurden sie von hochrädrigen Pferdekutschen übernommen.

Sara Wäcken heiratete den Fährschiffer Hillrich Onnen, der auf der Insel lebte; zumindest das scheint gesichertes Wissen zu sein. In meiner Kindheit hörte ich meinen Großvater Benno Wäcken gelegentlich von Onkel Hillrich erzählen. Unter den alten Dokumenten hatte ich eine Taufbescheinigung meines Großvaters gefunden. Dort hieß es unter Taufpaten: *Der Stiefgroßvater des Täuflings, Fährschiffer Hillrich Onnen und seine Frau Anna geb. Deneke.* Im Jahr 1880 gab es Sara demnach nicht mehr. Oder hatte sie die Insel verlassen? War die Ehe geschieden worden? Das war sehr unwahrscheinlich, bedenkt man die Lebensverhältnisse der Menschen im 19. Jahrhundert. – Ich hoffte in den Kirchenbüchern Antworten auf meine Fragen zu finden. Morgen würde ich damit beginnen.

◊

Am späten Nachmittag hatten sich die tiefhängenden dunklen Wolken verzogen, waren von ihren in großer Höhe segelnden hellgrauen und weißen Schwestern abgelöst worden, die hier und da den Blick auf das Blau des Himmels freigaben. Wenig später ließ die Sonne sich sehen, ich hatte sie gefunden. Zufrieden lächelnd dachte ich an den jungen Mann vom Parkservice in Norddeich, der mir morgens viel Glück beim Suchen gewünscht hatte. Sinnend stand ich noch eine Weile am Hafen und schaute dem Farbenspiel am Himmel zu. – Ein Anruf erreichte mich, als ich gerade gehen wollte. „Ich stehe am Fenster" sagte meine Frau, und sehe einen wunderschönen Sonnenuntergang". „Den sehe ich auch", antwortete ich - ca. 300 Kilometer weiter nördlich - „aber vermutlich in anderen, vielleicht schöneren Farben"?

Als ich heute am frühen Morgen aus dem Fenster schaute, lag in dem nach Osten verlaufenden Dünental eine weißgraue Nebeldecke. Sie schien mir nicht besonders dick zu sein, denn der größte Teil der Dünen war gut sichtbar, und darüber wölbte sich ein tiefblauer Himmel, an dem vereinzelt noch Sterne zu erkennen waren. Ich stellte mir vor, dass wir beide dort unten wandern würden, und musste plötzlich lachen. Möglicherweise wäre von mir nur der Kopf zu sehen und von Dir nur die Haare oder auch nichts, je nach Mächtigkeit der Nebeldecke. In spätestens zwei Stunden würde die Sonne den Nebel vertrieben haben. Nach der gestrigen Dunkelheit freute ich mich auf einen hellen Tag. Und abends würde ich vielleicht mehr wissen über Sara und Dir telefonisch berichten können.

◊

Über Sara konnte ich jahrzehntelang nichts herausfinden. Selbst mein Großvater wusste nichts Näheres über die Frau zu berichten, die seine Großmutter väterlicherseits sein musste. Es gab kein Wissen in der Familie über ihren Verbleib, kein erklärendes Dokument und auch keinen Grabstein auf dem Friedhof, der Auskunft hätte geben können. Wenn ich anfing an ihrer gewesenen Existenz zu zweifeln ist das nicht verwunderlich.

Heute nun würde ich die alten Kirchenbücher einsehen. Und nach fleißigem und teilweise mühsamem Studium entdeckte ich eine dokumentierte Spur ihres Lebens. Im Jahr 1853 ist vermerkt, dass *Gretje Weers Onnen am 12. August, nachmittags* geboren wurde. Eltern sind der *Fährschiffer Hilrich Onnen und seine Ehefrau Sarke geb. Wäcken.*

(Sarke ist die ostfriesische Koseform für Sara.) Es gab sie also wirklich. Im Jahr 1857 folgte ein weiterer Eintrag; der Sohn Hillrich wurde registriert. Dann 1861 *der sechste September, morgens 4 Uhr, ein Mädchen, todtgeboren.* Aus Sarke ist nun Sara geworden. Unter 1862 finde ich einen weiteren Eintrag: *Onnen (Knabe) Der siebente September nachmittags zwei Uhr; Eltern Hilrich Onnen und seine Ehefrau Sara geb. Wäcken; todtgeboren.* An jenem 7. September 1862 endet auch das Leben meiner Ur-Urgroßmutter Sara. Im Kirchenbuch der Sterbefälle finde ich: *Sara Onnen geb. Wäcken, Ehefrau des Fährschiffers Hilrich Onnen zu Juist; 37 Jahre, 7 Monate und 25 Tage.* Und unter *Tag und Stund* steht vermerkt: *der 7.09. nachmittags drei Uhr; beerdigt 11. Sept. 1862.*

Dem damaligen Brauch folgend erhielten totgeborene und auch lebendgeborene Kinder, die nicht mehr getauft werden konnten, keinen Namen.

Sara überlebte die Geburt ihres fünften Kindes um eine Stunde. – Ich war betroffen, musste innehalten, ließ die Notizen, die ich machen wollte, zunächst ungeschrieben. So jung musste sie sterben, meine Frau war fast genauso alt, als wir unser jüngstes Kind bekamen. Zwei Kinder aus der Ehe mit Hillrich, gerade neun und fünf Jahre alt, verloren ihre Mutter. Der älteste Sohn, Jürgen, den sie mit in die Ehe gebracht hatte, war kaum achtzehn; vermutlich war er gar nicht auf der Insel, fuhr bereits zur See. Die Nachricht von ihrem Tod erreichte ihn möglicherweise erst, als er für ein paar Tage nach Haus zurückkehrte. Sein Stiefvater Hillrich wird es gewesen sein, der ihn, als er in Norddeich die Schaluppe bestieg, über den Tod der Mutter informierte.

Der Schleier, der so lange über dem Leben und Sterben von Sara Wäcken, der Urmutter, wie ich sie nenne, lag, ist nun beiseitegeschoben, gibt den Blick frei auf säuberlich festgehaltene Daten und Fakten.

Mehr nicht. Es gibt kein Bild, keine Erzählung, kein von ihr geschriebener Brief, der etwas über ihre Person aussagen könnte. So bleibt für mich weiterhin die Frage bestehen: Wer war Sara Wäcken? Was für ein Mensch war sie?

Verständlicher ist jetzt auch, warum meine Vorfahren und ihr Umfeld so wenig über Sara wussten. Als mein Großvater in den 1890er Jahren des vorvorigen Jahrhunderts vom Kind zum Jugendlichen wurde, war Sara schon über dreißig Jahre tot.

Familiengründung

Ich bin wieder auf meiner Sandbank. Meinen kurzen Inselaufenthalt möchte ich auch für einen weiteren Ausflug in die Inselvergangenheit und die meiner Vorfahren nutzen. Die beiden bei den alten Dokumenten gefundenen *Kauf-Contracte* will ich endlich vollständig entziffern und als digital abgespeicherte Daten sichern. Der ihnen bei ihrer Entdeckung anhaftende muffige Geruch ist jetzt, einige Jahre später, nicht mehr auszumachen. Aber eine eigene, für mich nicht einzuordnende Duftnote hängt ihnen an. Vielleicht der Duft einhundertfünfzig Jahre alten mit Tinte beschriebenen Papiers?

Ausgerüstet mit einer Lupe mache ich mich an die Arbeit. Ich habe mir vorgenommen, den Text wortgetreu, mit allen Schreibfehlern bzw. der damals üblichen Rechtschreibung zu übernehmen.

Der ältere *Contract* von 1854 zeigt das eingeprägte Siegel *Königreich Hannover*, mit weiteren, nicht eindeutig zu entziffernden Angaben; vermutlich das Amtssiegel des Notars; ferner, ebenfalls eingeprägt, die Angabe *Stempeltaxe - 2 gute Groschen*. Klar, auch damals gab es nichts umsonst.

Mit schwungvollem Anfangsbuchstaben heißt es dort:

Kund und zu wissen sei hiermit wie heute zwischen den drey Geschwistern als Johanna, Antje, Hetje und Jaan Ulrichs oder Ulrich Janshen Erben benannt, einer Seits als Verkäufer und Jaan Hieltjes Breden und deßen Ehefrau Susanna Hinrica geborene Fisher anderer Seits als Käufer folgender Verkauf und Kauf als unwiderruflich abgeschloßen worden ist.

Eine unmissverständliche Eingangserklärung. Man weiß, mit wem man es zu tun hat. Die Namen der genannten Personen gibt es auch heute noch auf Juist, aber keine Person gehört zu den mir bisher bekannten Familienangehörigen.

Weiter geht es mit § 1:

> *Es verkaufen Erstere an Letztgenannte ihre in ihrem Wohnhause die zu Westen gelegene darin befindliche Wohnstube sammt denen darin Nagelfesten Gegenständen, als namentlich einen darin in der Wand vorhanden seyenden Kleiderschrank, einer desgleiche Bettstelle mit den darin befindlichen Unterlagen nicht minder den über dieser Partinenz liegenden Bodenraum und Diele für den wohlbedungenen Preis von 50 fl hol. /: schreibe fünfzig Gulden holländisch:/ welche Summe die Käufer sofort zu erlegen versprechen.*

Ich lese es langsam noch einmal, Wort für Wort. Habe ich richtig verstanden, dass innerhalb eines Hauses eine Wohnstube verkauft wurde? Es gibt keinen Zweifel, ich habe es korrekt entziffert. Eine Bettstelle mit den darin befindlichen Unterlagen ist enthalten. Hat das Käuferehepaar die Strohsäcke oder Matratzen der Vorbesitzer mitgekauft? Sicher, man war nicht so empfindlich damals, konnte es sich schlicht nicht leisten empfindlich zu sein. Auch Strohsäcke und Matratzen hatten ihren Wert und wurden nicht einfach entsorgt.

Unter §2 erfahre ich, dass das oben beschriebene Grundstück sowohl *in Hinsicht auf Lust und Last und sonstiger Gefahr* an die Käufer übergeht, sobald die Kaufsumme entrichtet ist. Also nicht nur die Last sondern auch die Lust sah man mit besonderer Gefahr verbunden.

Unter § 3 lerne ich folgendes:

Ist weiter verabredet worden wie folgend:

a., vorhandene Zwischen Thür verpflichten sich die Käufer auf ihre Kosten zumauern lassen zu wollen, wohingegen denenselben diese Thür als Eigenthum überwiesen wird.

b., sollte eine Scheidung des Bodenraumes für nöthig erachtet werden: so haben die Käufer solche Zwischenwand auf ihre eigenen Kosten hinzustellen;

c., die gegenwärtige Befriedigung oder Staketen um das ganze Haus, bleiben Eigenthum der Verkäufer und behalten selbige sich das Recht vor solches zu ihren Nutzen abbrechen zu können;

Immerhin, die Käufer dürfen die durch Zumauern der Türöffnung überflüssig werdende Zwischentür behalten. Die Verkäufer dagegen behalten den das Haus umgebenden Zaun und räumen sich das Recht ein, ihn gegebenenfalls auch abbrechen zu dürfen. Ein Gewinn an Brennholz für beide Vertragsparteien allemal, sehr wichtig auf einer baumlosen Insel. Brennholz war kostbar und wurde ausschließlich beim *Strandjen* gewonnen. Ich kenne das noch aus meiner Kindheit, werde davon noch erzählen.

Weiter heißt es unter § 3:

Ein Einlauf in Verkäufers Schornstein durch Anlegung eines Feuerherds ist unstatthaft und müssen die Käufer für einen Rauchfang selbst sorgen.

Im Haus meiner Großeltern gab es in meiner Kindheit noch einen hölzernen Rauchfang im Wohnzimmer. Er hatte keine Funktion mehr. Auf seiner breiten umlaufenden Leiste am unteren Rand lagen große Muscheln, die mein Urgroßvater von Seereisen mitgebracht hatte.

Hielt man sie ans Ohr, hörte man die See rauschen. Ja, man hörte es tatsächlich.

Unter § 4 versprechen die Verkäufer *denen Käufern für Ansprüche dritter Personen an dem Verkauften mit ihrer sämtlichen Habe zu schützen.*

Dem Sinne nach gibt es solche Formulierungen auch heute noch. Man sollte sich seines Handelns schon sehr sicher sein, wenn man eine solche Verpflichtung eingeht.

Den unter § 5 abgehandelten Teil möchte ich, wenn er auch nur rein juristische Formulierungen enthält, nicht vorenthalten. Dort heißt es:

> *Beide Theile entsagen hiermit allen gegen diesen Contract zu erdenkenden Einreden und Rechts wohltaten, als listiger Überredung, nicht richtigen Vorbedachts und dergleichen und wollen daher solchen in allen Artikeln als rechts kräftig aner-*
> *kannt wißen, weshalb selbiger, nach dem ihn deutlich vorgele-*
> *sen, sie selber auch ihn ......nachgesehen von ihnen insgesamt*
> *eigen händig unterschrieben worden ist, so wie auch die zu die-*
> *ser Verhandlung erbetenen Zeugen als namentlich die hiesigen*
> *Einwohner*

> *Jaan Onnen Fisher und*
> *Hillrich Onnen*

> *dieses Dokument nach vorheriger Durchsicht mit unterzeich-*
> *net haben.*

So geschehen Juist den 30 ten Januar 1854

Zahlung erhalten heißt es als nächstes, durch Unterschrift der Käufer bestätigt; Johanna Ulrichs hat nur ein Kreuz gemacht.

Warum dieser Contract bei den alten Dokumenten des großelterlichen Hauses lag, ist mir nicht klar geworden. Das in diesem Contract behandelte Haus ist jedoch vermutlich das später von meinen Urgroßeltern erworbene und dann umgebaute und erweiterte Haus.

Eindeutig zuordnen lässt sich der Hauserwerb aus dem Kauf-Contract von 1866. Nur zwölf Jahre liegen zwischen den Abschlüssen dieser beiden Verträge, sprachlich könnten fünfzig dazwischen liegen, so scheint es mir. Dort heißt es:

Geschehen Juist den 25. May 1866
fünfundzwanzigsten May eintausend achtzehnhundert sechsundsechzig

Zwischen

a) dem Grenzaufseher und Vogt L. Heinemann zu Juist
als Verkäufer

b) der Ehefrau Adriana Wäcken geb. Klahen für sich und Namens ihres zur See abwesenden Ehemannes Matrosen Jürgen Wäcken wohnhaft auf Juist
als Käufer

ist am heutigen Tage gegenwärtiger Kauf Contract abgeschlossen und zwar unter folgenden Bedingungen:

44

_§1._

Verkäufer Heinemann verkauft an die gedachten Käufer sein auf Juist N: 17 gelegenes Haus nebst Garten; letzterer auf der Fläche zwischen der Kirche und Pastorei belegene somit er als Besitzer über den Grund und Boden verfügen; und zwar das Wohnhaus zum Antritt auf heute und in dem gegenwärtigen Zustande mit allem darin und dazu Gehörenden.
Den Garten dagegen zum Antritt auf den 1. November dieses Jahres.
Die Kaufsumme für beide Immobilien beträgt
fünfzig und sechs Thaler Courant / 56 Th. Cour.

Es gab noch keine Straßennamen auf Juist. Es gab nur Wege, sandige Wege, allenfalls mit Muschelschalen befestigt. Verkauft wurde das Haus Nr. 17. Immerhin, die Häuser waren durchnummeriert. Wieviel Grundfläche dazu gehörte, darüber erfahren wir nichts. Und der mitverkaufte Garten wird sehr großzügig mit der Fläche zwischen der Kirche und der Pastorei beschrieben. Man wusste eben, wem was gehörte.

Nach der Eingliederung des Königreichs Hannover durch das Königreich Preußen wurden die Grundbesitzverhältnisse nach und nach geklärt und nicht zuletzt wegen der Grundsteuererhebung katastermäßig erfasst. Allerdings auch nicht sofort. Mit einer erhaltenen Verkaufsurkunde aus dem Jahr 1871 bestätigt der Lehrer Rüst meinem Urgroßvater Jürgen Wäcken, seinen auf der sogenannten Kirchfläche gelegenen Garten verkauft zu haben. In diesem Fall erfolgt die Präzisierung der erworbenen Fläche durch Namensnennung der Besitzer, die im Norden, Osten, Süden und Westen angrenzen.

Den Garten möchte Vogt Heinemann erst zum 1. November abgeben. Der Contract wird in der letzten Maiwoche geschlossen, da wird er die Pflanzkartoffeln schon im Boden gehabt haben und einiges andere auch. Verständlich, wenn er die Ernte noch einbringen will.

§2.

Von der Kaufsumme bezahlte Käuferin heute die Summe von 30 Th. Cour., wofür Verkäufer quittiert. Den Rest von 26 Th. welchen Käuferin im Laufe dieses Jahres zu zahlen verspricht bleibt bis zur völligen Abtragung als ein von heute an mit vier Prozent zu verzinsendes Capital stehen, für dessen Sicherheit die gedachten Immobilien haften, und zwar in der Art, daß Verkäufer bis dahin das Eigenthumsrecht an denselben vorbehält.

Meine Urgroßmutter Adriana Katharina war in der Lage, mehr als die Hälfte der Kaufsumme direkt auf den Tisch zu legen. Heute ist ein Bauherr oder Hauskäufer froh, wenn er ein Drittel aufbringen kann. Und ein Hauskauf, bei dem der Kaufpreis oder eine größere Anzahlung in bar über den Tisch geht, hat, nun ja, zumindest ein Geschmäckle.

Was wurde sonst noch vereinbart?

§3

Im Fall (daß) der gedachte Restbetrag bis zur versprochenen Zeit nicht bezahlt werden sollte tritt für beide Theile eine vierteljährige Kündigungsfrist ein, wenn Verkäufer es nicht vorziehen sollte sein Eigenthumsrecht zu benutzen, in welchem Falle er das bereits Erhaltene nach Abzug der Miethe, Zinsen und sonstigen Schaden an Käufer zurück erstattet.

§4

Gegenwärtige Käuferin übernimmt hiermit das Wohnhaus mit allen Lasten und Gefahren, verspricht auch für Bezahlung des Restes und deren Zinsen zu sorgen, falls ihr abwesender Ehemann mit diesem Contract nicht einverstanden sein sollte.

Diese Vereinbarung ist nicht ohne Risiko für Adriana Katharina. Sollte Ehemann Jürgen den Vertrag auch nur in Teilen ablehnen, hätte sie die finanziellen Folgen zu tragen. Aber sie waren jung verheiratet, hatten sicher auch mit Familienangehörigen über diesen Kauf gesprochen, bevor Jürgen wieder zu einer Seereise aufbrach. Er war übrigens einundzwanzig Jahre alt, als sie sechs Monate zuvor heirateten, sie fünfundzwanzig.

§5
Beide Theile entsagen allen Einreden gegen diesen Contract durch ihre Namens Unterschrift und erhält jeder ein Exemplar dieses in Duplio ausgestellten Contractes.

So geschehen und eben ..... (?)

Heinemann

Adriana Wäcken

Eine kleine Entdeckung amüsiert mich. Als Adriana ihren Nachnamen schreiben will, beginnt sie mit einem C, dem Anfangsbuchstaben ihres Mädchennamens Claaßen (im Contract falsch geschrieben; sollte vermutlich Klashen heißen). Verständlich, sie ist erst seit Dezember mit Jürgen verheiratet, hatte kaum Gelegenheit gehabt sich an den neuen Namen zu gewöhnen; und geschrieben hat sie ihn höchstens übungshalber zwei bis drei Mal. Ich stelle mir vor, wie sie mit leichtem Erschrecken die linke Hand zum Mund führt, fragend auf den Verkäufer blickt, der ihr dann rät das C mit dem korrekten W zu überschreiben. Die kleine Begebenheit vor bald einhundertfünfzig Jahren ist nun aktenkundig geworden und amüsiert den Urenkel, der inzwischen viel älter ist als die jungen Eheleute damals waren.

Für die Begleichung des Restbetrages sind im *Kauf Contract* noch verschiedene Eintragungen zu finden. Ganz so schnell wie vereinbart konnte die Restschuld nicht abgetragen werden. Am 25 Januar 1867 überbringt Urgroßvater Jürgen weitere 12 Thaler und Vogt H. vermerkt einen ausstehenden Restbetrag von 13 Thalern, 21 guten Groschen und 8 Pfennigen. Es werden 11 weitere Thaler überbracht, aber erst im Jahr 1869 heißt es:

Den Rest heute erhalten zu haben
bescheinigt
Juist, den 27. Juni 1869
Heinemann

Die letzten drei Thaler plus ein paar gute Groschen sind Adriana und Jürgen offensichtlich schwer gefallen. Erklären kann ich das nicht, es gibt keine Hinweise. Vermutlich hatte Jürgen keine Heuer, längere Phasen der Arbeitslosigkeit zwischen zwei Seereisen. Dann musste von den Ersparnissen gelebt werden. Einen Verdienst auf der Insel zu finden war kaum möglich. Es gab noch keinen nennenswerten Fremdenverkehr. Vielleicht ging Jürgen gelegentlich seinem Stiefvater Hillrich Onnen zur Hand beim Fährverkehr zwischen Insel und Festland.

„Geschehen zu Juist 1866" heißt es eingangs. Sehr fern kommt mir das vor. Der amerikanische Bürgerkrieg war im Vorjahr zu Ende gegangen. Preußen und Österreicher, die 1864 noch gemeinsam gegen die Dänen zu Felde zogen, schlugen sich nun gegenseitig aufs Haupt. Im Juli besiegten die Preußen die Österreicher in der Schlacht bei Königgrätz. In der Folge wurde Preußen deutsche Führungsmacht. Das blieb nicht ohne Auswirkungen auf Juist, aber es sollte noch ein paar Jahre dauern, bis der erneute Versuch, ein Seebad zu werden, Erfolg zeigte.

Vor fast einhundertfünfzig Jahren kaufte meine Urgroßmutter mütterlicherseits ein Haus, auch namens ihres zur See abwesenden Ehemannes. Sie war im fünften Monat schwanger, als sie den *Kauf Contract* unterschrieb. Eheschließung, Hauskauf und die Frau guter Hoffnung, wie man damals sagte, die Keimzelle für eine neue Familie war auf Juist entstanden. Sara, Jürgens Mutter, wäre vermutlich stolz gewesen. Als sie Jürgen 1844 zur Welt brachte, war sie eine ledige Mutter; keine gute Voraussetzung für den Start ins Leben.

Anmerkung: Nach meinem Wissen war 1 Thaler Courant gleich 3 Mark; 1 Mark gleich 10 gute Groschen und 1 guter Groschen gleich 10 Pfennig.

Tant' Haukes Huus

Von den hohen Dünen südlich des Wasserturms blickt man auf den sich nach Osten und Westen ausbreitenden Ort, schaut auf die Hafeneinfahrt, auf das Watt, und unter dem Horizont, in süd-südöstlicher Richtung, erblickt man einen Streifen Festland. Lange kann ich hier sitzen an schönen Tagen, bei leichter Brise in die Sonne blinzeln, einfach nur sitzen und sein. Heute habe ich Lesestoff dabei. *Aus den Lebenserinnerungen der Elisabeth Grashoff* ist der Titel meiner Lektüre. Elisabeth Grashoff kam als junge Ehefrau mit ihrem Mann nach Juist, wo er 1896 die Pfarrstelle übernahm. Der Start in ihrer neuen Umgebung war nicht einfach, und doch berichtet Frau Grashoff rückblickend sehr liebevoll über das Inselleben. *Dieses ganze kleine Eiland barg so eine Fülle origineller kluger Menschen in sich, dass man immer wieder neue entdeckte, besonders unter den älteren Insulanern, deren es verhältnismäßig so viele gab; denn das überaus gesunde Leben am Meer schenkte den Leuten ein ganz hohes Alter,* schreibt sie. Unter anderen, berichtet sie, *...war der alte Wattschiffer Onnen in seinem 96sten Jahre noch ein Mann von kernigster Gesundheit, der aus lauter Lust noch die kalten weiten Fahrten in seiner geliebten Schaluppe Rebekka fast täglich machte ....* Die mehrfach wöchentlich ankommende Post war für Elisabeth Grashoff während ihrer ersten Ehe- und Trennungsjahre von den Ihrigen die wichtigste Verbindung zur Heimat. Oft konnte sie die Ankunft des Postsackes kaum abwarten, sie schreibt dazu: *Ich konnte oft stundenlang am langweiligen Wattenmeer auf und ab promenieren und dem ewig gleichen Hin- und Herkreuzen des kleinen Seglers zuschauen, das ihn der Insel-Reede nur ganz minimal näherbrachte.* Und wenn der Postsack dann endlich an Land gebracht worden war, musste die ungeduldige junge Frau weiter warten, schließlich musste die Post im königlichen Postamt noch sortiert werden. Aber welche Freude, welche Erlösung, so schreibt sie anlässlich eines ihrer Geburtstage, *... als der alte Jürgen*

Post in seinem uniformierten Rock in meine Feststube trat und seine kostbare Last auf meinen Geburtstagstisch legte. *Jürn Post,* wie er auf Juist genannt wurde, war kein anderer als mein Urgroßvater Jürgen Wäcken, der die Seefahrt aufgegeben hatte und königlich-preußischer Landbriefträger geworden war.

Der *alte Jürgen Post,* schrieb Elisabeth Grashoff. Mit seinem grauen Bart und in dem langen kaiserlich-blauen Uniformrock mit den Messingknöpfen muss er auf die junge Frau schon recht alt gewirkt haben. Ich habe ein Foto von ihm aus dieser Zeit, in Postuniform. Und auch heute, wo ich schon viel älter bin als er damals war, kommt er mir wie ein würdiger Patriarch vor. Er war 52 Jahre alt als Elisabeth nach Juist kam. - Der alte Wattschiffer Onnen, den Frau Grashoff auch erwähnt, war der Stiefvater von Jürn Post. Er hatte sich 1867 vertraglich verpflichtet, dreimal wöchentlich die Post von Norddeich nach Juist zu befördern und dort zuzustellen. Er machte das auf seine Weise. Wenn er mit dem geschulterten Postsack von seinem auf der Juister Reede ankernden Schiff durch das seichte Wasser an Land stapfte, sahen ihn die Inselbewohner kommen. Er ließ sich an einer Düne nieder und verteilte die Postsachen. Säumige, die nicht rechtzeitig erschienen, rief er mit einer ihm amtlich zuerkannten Trillerpfeife herbei. Allerdings hatte zu der Zeit, als Elisabeth Grashoff nach Juist kam, Onnens Sohn Hillrich diese Aufgabe bereits übernommen. Und der Postsack wurde in das nun bereits vorhandene Postamt gebracht. Da Hillrich sen. jedoch in seinem 96sten Jahre noch ein Mann von kernigster Gesundheit war, wie wir vorhin erfahren haben, hat er sicher gelegentlich ausgeholfen.

Voller Dankbarkeit erinnert sich Elisabeth Grashoff ihrer Juister Jahre und der vielen originellen Persönlichkeiten und erinnert sich, selbst inzwischen 81 Jahre alt, unter anderen an Tante Hauke, ... *die uns mit solcher Liebe umgab und mich immer mien gute Seel nannte.* Mien gode Seel wird Tante Hauke wohl gesagt haben, aber darauf kommt es nicht an. Und auf Tante Hauke, von der ich in meinen Kinderjahren nie gehört hatte, bin ich in diesen Tagen auch an anderer Stelle gestoßen. Von meiner hohen Düne schaue ich nun genau dahin, wo *Jürn Post* und *Tant Hauke* gelebt haben. Sie wohnten in unmittelbarer Nachbarschaft.

Im letzten Viertel des 19ten Jahrhunderts begann sich der Fremdenverkehr auf Juist langsam zu entwickeln, nachdem der erste Versuch (Start im Jahr 1840), Juist als Seebad bekannt zu machen, nach wenigen Jahren gescheitert war. Vermutlich hatte auch die Aufbruchsstimmung in Deutschland nach der zweiten Reichsgründung 1871 dazu beigetragen, den Juistern Mut zu machen für einen zweiten Anlauf. So wurden die kleinen bescheidenen Friesenhäuser auf der Insel plötzlich zu einer Wirtschaftsgrundlage, dank der in ganz Deutschland entstandenen Nachfrage.

Ein Artikel im Ostfriesischen Kurier erinnerte mich an diese nun schon über einhundert Jahre zurückliegende *Gründerzeit* des Fremdenverkehrs auf Juist. *„Matratze musste mitgebracht werden"*, war der Artikel überschrieben. Eine Pastorenfamilie aus Aurich reist im Sommer 1876 zu einem Ferienaufenthalt zur Insel. Über die Wetterbedingungen am Tag der Anreise erfahren wir nichts, wohl aber, dass sie mit der Segeltjalk *Möwe* des Kapitäns Hillrich Onnen übersetzen. Von einer beschwerlichen Überfahrt ist die Rede, Details erfahren wir dazu leider auch nicht. Immerhin wurden die mutigen Reisenden bei der Ankunft auf der Juister Reede bereits vom Fuhrunternehmer Jan Hieltjes Breeden erwartet, der sie mit seinem hochrädrigen Pferdefuhrwerk zu *Tant Haukes Huus* bringt. Die Kapitänswitwe Haukelina Hilrica Fisser empfängt ihre Gäste mit weißgestärkter Schürze vor der Haustür, erfahren wir, und bewirtet sie sogleich mit Tee und Gebäck. Von einem ausführlichen Klönschnack ist die Rede, und auch einige weitere

Beschreibungen deuten auf eine gewisse Vertrautheit der Gäste mit Tant Hauke hin. Es ist offenbar nicht ihr erster Inselaufenthalt.

Im Bericht erfährt man u.a.: *Die kleinen Schiebefenster der Zimmer ließen nicht nur das Sonnenlicht herein, sondern durch die Ritzen wehte in großen Mengen der Flugsand, denn die Straßen des kleinen Dorfes waren nicht gepflastert.*

Sehr schlicht ging es zu, ja, ärmlich sogar, nimmt man heutige Verhältnisse als Maßstab. Beide Stuben, die von der Pastorenfamilie gemietet waren, enthielten Butzen (Wandbetten). Geschlafen wurde auf Strohsäcken, wer eine Matratze wünschte, musste diese mitbringen. Auf der einzigen offenen Feuerstelle des Hauses bereitete das mitgebrachte Dienstmädchen das Essen für die Familie, wobei es sich sicher mit Tant Hauke über die Nutzungszeiten verständigen musste. Lebensmittel wurden übrigens auch mitgebracht, denn in den beiden kleinen Läden der Insel gab es nur das Notwendigste zu kaufen. Besser gestellte Herrschaften speisten am „Table d'hote" (Tisch des Gastgebers) bei *Rose* oder in der kleinen *Itzenschen* Gastwirtschaft.

Das Trinkwasser kam aus Brunnen, der *Pütt* in der niederdeutschen Sprache. Neben dem Brunnen stand ein Püttstock, ein etwa zwei Meter hoher Pfahl, auf dem ein kinderarmdicker Stock in vertikaler Ebene schwenkbar gelagert war. Mit einer Kette oder einem Seil war an dem vorderen, über den Brunnen auskragenden Teil des Stocks ein Eimer befestigt. Hob man den hinteren schwereren Teil des Stocks an, senkte sich der Eimer zum Wasserspiegel im Brunnen hinab, tauchte ein, schöpfte Wasser und wurde durch Ziehen bzw. Drücken an dem Schwenkarm an die Oberfläche befördert. Das Dienstmädchen war vermutlich mit dieser Art der Wasserbeschaffung vertraut, denn in der zweiten Hälfte des neunzehnten Jahrhunderts war fließendes Wasser in Haushalten noch eine Ausnahme.

Die im Bericht erwähnte beschwerliche Wasserentnahme weckte Erinnerungen an den in meiner Kindheit noch am großelterlichen Haus auf Juist vorhandenen Brunnen. Einen Püttstock gab es nicht mehr, und der gemauerte Brunnenrand war mit Holzbrettern abgedeckt, zusätzlich durch große Steine beschwert. Kein Kind sollte da zu Schaden kommen. Aber es gab noch eine Kolbenpumpe im sogenannten Windfang, nur wenige Meter vom Brunnen entfernt. Als Kind liebte ich es, mit dem gusseisernen grünen Pumpenschwengel Wasser für die Gießkanne aus dem Brunnen zu fördern. Damals war mir nicht bewusst, dass die bei meinen Urgroßeltern aus Deutschland (wie die Juister sagen, wenn sie das Festland meinen) anreisenden und bei ihnen Ferien machenden Gäste das Wasser für die tägliche Wäsche mit Hilfe des Püttstocks gewannen.

Und nicht nur aus Deutschland kamen die Gäste. Mein Großvater Benno Wäcken, Jahrgang 1880, erinnerte sich an einen offenbar jährlich wiederkommenden Gast aus St. Petersburg, Prof. Seliwanow. Ich gebe zu, ich war skeptisch. Als ich jedoch vor einigen Jahren alle alten Dokumente aus dem nun verkauften Haus durchsah, entdeckte ich u.a. auch eine offizielle Quartier- u. Fremdenliste, die von der Gemeindeverwaltung eingeführt worden war. Jeder Hauseigentümer, der Fremde beherbergte, hatte diese Liste zu führen. Die von mir gefundene gehörte: *Hauseigenthümer Jürgen Wäcken.* Und darin vermerkt fand ich die Angaben meines Großvaters bestätigt. *D. Seliwanoff, Professor, St. Petersburg,* stand dort, ab 1894 beinahe Jahr für Jahr, in feiner, fast zierlicher Schrift eingetragen. Das ff am Namensende ist möglicherweise der deutschen Aussprache geschuldet. Die Gäste trugen sich selbst ein, was an den unterschiedlichen Handschriften leicht erkennbar ist. Im Jahr 1900, Seliwanoff ist wie meistens am 01.07. eingetroffen, findet man am 03.07. die Eintragungen: *A. Paltchevsky, Tochter des Kollegienrathes, St. Petersburg und M. Emalinovetch, Tochter des Gouvernementsecretärs, St. Petersburg.* Ob bereits in St.

Petersburg zarte Bande geknüpft wurden und eine der beiden Damen die Angebetete des Professors und die andere als Anstandsperson dabei war? Wir dürfen davon ausgehen, dass die beiden Damen nicht zufällig mit dem ebenfalls aus St. Petersburg stammenden Professor, noch dazu im gleichen Haus, zusammentrafen. Im Jahr 1901 treffen übrigens alle drei St. Petersburger am 1. Juli auf Juist ein. Bei den Damen heißt es jetzt: *A. Paltchevskaja, Gesanglehrerin und M. Emalinovetch, Clavierlehrerin.* Über die Länge der Aufenthalte gibt die Liste keine Auskunft. Drei bis vier Wochen waren damals jedoch üblich. In den nachfolgenden Jahren sind die Damen nicht aufgeführt. Im Juli 1907 verrät der Professor erstmals, dass das D. für *Demetrius* steht. Unter dem 28.06.1909 steht: *Seliwanoff und Frau.* Ob die Gesang- oder die Clavierlehrerin zu seiner Gemahlin wurde, bleibt uns verschlossen, möglicherweise ist es auch eine andere Dame. Mit diesem Juist-Urlaub (Flitterwochen?) endet offenbar die Beziehung des Professors zur Insel Juist und meinen Urgroßeltern. Ob er gelegentlich noch eine Karte zum Weihnachtsfest geschrieben hat? Darüber sagen die alten Familienunterlagen nichts aus. Die junge Frau an seiner Seite wird die Vorliebe Ihres Gatten für entfernt liegende Nordseeinseln und schlicht eingerichtete Friesenhäuser wohl nicht geteilt haben. – Übrigens, die Quartier- u. Fremdenliste gibt auch Auskunft über eine Wichtigkeit, die für uns heute, Gott sei Dank, nachrangig geworden ist. Die Angabe des Standes war unverzichtbar; man wollte wissen, mit wem man es zu tun hatte, um einschätzen zu können, ob man zu ihm oder ihr empor schauen musste oder herab blicken durfte. Und so findet man neben den bereits oben erwähnten Ständen Angaben wie Frau Amtsgerichtsrath, Königlicher Opernsänger, Lehrerin, Hauptmann, Rentier, Apotheker, Oberpostkassenbuchhalter usw. Sie alle sind längst nicht mehr, aber vielleicht haben sie ihren Enkeln und Urenkeln die Liebe zur Insel Juist vererbt. Und die reisen heute an und nennen sich Key Account Manager, Chief Executive Officer, Creative

Director usw. Professor Seliwanoff wäre ratlos, würden ihm Visiten-karten mit diesen Berufsbezeichnungen überreicht werden. Seine da-gegen könnten wir auch heute noch einordnen.

Tant Haukes Huus gibt es immer noch. Ich kannte es von Kindheit an nur unter dem Namen *Siebjes Huus*, schräg gegenüber dem Haus meiner Großeltern. Haus Siebje heißt es auch heute noch, und insbe-sondere während der Sommermonate dient es Kunsthandwerkern und Künstlern für die Ausstellung ihrer Erzeugnisse.

Als mein Großvater schon über neunzig Jahre alt war und kaum noch vor die Tür ging, sagte er eines Tages, in seinem Lehnstuhl sit-zend und nach draußen schauend: „Tant Haukes Huus". Er zeigte mit dem Pfeifenstil dorthin, wirkte überrascht, als würde er das Haus nach langer Zeit wiedersehen. Auch ich, zufällig anwesend, war überrascht, denn nie zuvor hatte ich diese Bezeichnung für *Siebjes Huus* gehört. Die Gedanken meines Großvaters waren acht Jahrzehnte zurück ge-wandert. An seiner Pfeife ziehend, schaute er noch lange unverwandt zum Nachbarhaus, als warte er darauf, dass Tant Hauke mit ihrer wei-ßen Schürze vor die Tür treten würde.

Lebenslinien

Das Leben meiner Juister Urgroßeltern beschäftigt mich. Das Studium der alten Unterlagen hat mich neugierig gemacht. Wie war ihr Leben, damals, in der Mitte des 19. Jahrhunderts, als sie sich kennenlernten, und wie veränderte sich die Welt, in der sie lebten, welche Ereignisse prägten ihr Leben? Anhand der alten Dokumente lässt sich manches nachvollziehen.

Um 1850, vermute ich, kam Ur-Mutter Sara mit ihrem sechsjährigen Sohn Jürgen auf die Insel. Seine spätere Frau Adriana war bereits 10 Jahre alt. Sie werden sich bereits in den ersten Tagen nach seiner Ankunft kennengelernt haben, wahrscheinlich sogar, als er ankam. Das Fährschiff kam nicht täglich, sein Eintreffen auf der Reede vor Juist versprach Abwechslung im gleichförmigen Alltag. Auch wenn nur wenige Menschen ankamen, konnte man doch mit Neuigkeiten aus der *Welt* rechnen und den Postsack brachte der Fährschiffer auch mit. An besagtem Ankunftstag hatte Hillerk-Ohm, der Fährschiffer, vermutlich seinen *Beutesohn* Jürgen auf den Schultern, als er an Land watete. Vielleicht trug er auch seine frisch angetraute Frau Huckepack an Land und überließ es seinem Matrosen, den kleinen Jürgen zur Insel zu bringen.

Dass der Witwer Hillrich Onnen, Hillerk-Ohm *(Anmerkung des Autors: Ohm – Oheim; altertümliche Bezeichnung für Onkel)* wie er auf Juist hieß, wieder geheiratet hatte, wusste man auf Juist natürlich. Eine vom Festland, das versprach Abwechslung. Und einen Sohn brachte sie auch mit in die Ehe. Darüber hatten die Insulanerinnen sich zweifellos schon intensiv ausgetauscht. War sie schon verheiratet gewesen? Oder war das Kind ein Malheur? Bald würde man mehr wissen und weiteren Gesprächsstoff haben.

Wie erging es dem kleinen Jungen, als er seine Füße erstmals in den Juister Sand setzte? Ihm unbekannte neugierig auf ihn schauende Menschen wird er wahrgenommen haben, obwohl das Hauptinteresse sicher seiner Mutter galt. An ihrer Hand, leicht beklommen, vermute ich, ist er den Weg zum Haus des Stiefvaters gegangen. In der kleinen Menschenmenge, etwas im Hintergrund, auch Adriana. Ihr aufmerksames Interesse galt der jungen Frau wie auch deren Sohn. Von dem was sie gesehen, an Eindrücken gewonnen hat, wird sie später zuhause berichten, davon können wir sicher ausgehen. Jürgen, auch das ist ziemlich sicher, wird in den auf der Ankunft folgenden Tagen seinen ersten Schultag auf der Insel gehabt haben. Eine einklassige Schule ist es, alle Jahrgänge im gleichen Klassenraum. Ganz vorne wird der Lehrer ihn hingesetzt haben.

Wie hat Adriana den kleinen Jürgen wahrgenommen? Kümmert sie sich um ihn? Um den Neuen, der vielleicht gehänselt wird, weil sein Plattdeutsch etwas anders klingt als das der Insulanerkinder? Der hämische Bemerkungen erdulden muss, weil ihm spezielles nur auf einer Insel zu erwerbendes Wissen fehlt? Ich habe keine Anhaltspunkte dafür, und doch glaube ich an eine Art Beschützerrolle, die Adriana früh übernommen hat. Es passt zu dem Bild, das ich mir gemacht habe, entstanden aus dem Wenigen, was ich in meiner Kindheit und Jugend über sie erfahren habe.

Wie war das, als sie heranwuchsen? Blieb Adriana eine wichtige Bezugsperson für Jürgen, sofern meine Vermutung einer besonderen Beziehung der Kinder richtig ist? Ich stelle mir vor, wie die inzwischen Vierzehnjährige dem Jüngeren einen flüchtigen Kuss aufdrückt, um dann, erschrocken über sich selbst, davon zu rennen, Jürgen überrascht und irritiert zurücklassend. Er wird sich vielleicht den Mund abgewischt haben. Küsse sind Mädchenkram, Jungens in dem Alter wissen sie noch nicht zu schätzen. Das hat sich natürlich geändert, und ich frage mich, wann Jürgen sich revanchiert hat. Jahre können darüber vergangen sein. Wo können sich junge Menschen näher kommen auf einer Insel, deren Ort so übersichtlich ist? Neben dem Loog, wo damals sechs Familien leben, gibt es etwa in Inselmitte West- und Ostdorf, Westerhook und Osterhook genannt. Dort wohnen etwa 25 Familien. Zwischen beiden Ortsteilen liegt die Kierflak, die Kirchfläche mit den südlich angrenzenden Süder-Tunen, den Gärten. Das ist etwa der Bereich, der heute zwischen Janusplatz und Kurplatz liegt. Die kleinen Häuser liegen verstreut am Dünenrand oder weiter südlich, kaum einer erkennbaren Ordnung folgend. Es gibt keine Bäume. Man kann weit schauen, nirgends ein Platz der Schutz bietet, wenn verliebte Leute sich treffen möchten. Sie werden ein Stück weit nach Osten gewandert sein, um sich zu treffen, vermute ich. Es ist der kürzeste Weg, wenn man sich neugierigen Blicken entziehen will. Sie gehen zunächst getrennt, später auch gemeinsam, als die kleine Gemeinde weiß, dass sie „miteinander gehen". - Aber zunächst müssen sie erwachsen werden.

Hillerk-Ohm, Jürgens Stiefvater, wird den heranwachsenden Jungen mit auf sein Boot genommen haben, anfangs nur gelegentlich, später häufiger. Dort lernt er die elementaren Regeln der Seemannschaft, das heißt, vereinfacht ausgedrückt, Fertigkeiten und Wissen, die nötig sind, um ein Boot oder Schiff in Fahrt zu setzen und von A nach B zu steuern. Mit vierzehn oder fünfzehn, so war das damals, heuert er dann als Schiffsjunge auf einem Schiff in der Küstenfahrt an, stelle ich mir vor. Hillerk-Ohm wird einem befreundeten Schiffsführer den Jungen zur weiteren Ausbildung übergeben haben. So könnte es gewesen sein.

Von da an sehen sie sich viel seltener. Gelegentlich erfährt Adriana zufällig, dass Jürgen für ein paar Urlaubstage nach Haus kommt. Wann genau, kann sie nicht erfahren; Seeleute können nicht auf Tag und Stunde ihre Ankunft mitteilen. Sie wird vermutlich häufiger zum Wattufer gehen, wenn das Fährschiff erwartet wird. Ob ihr Herz zwei Takte schneller schlägt, wenn sie ihn entdeckt unter denen, die an Land gehen? Sie sucht seinen Blick. Er hat sie schon entdeckt, ein kurzes Kopfnicken in ihre Richtung. Sie zögert kurz, hebt verstohlen die Hand.

Es mag auch mal ein ganzes Jahr darüber vergehen, bis sie sich wieder sehen. Sie nimmt die Veränderung wahr. Größer und breitschultriger ist er geworden, und einen Bart hat er sich wachsen lassen. Wird er ihr fremd, dieser Mensch, der nun meistens fern von ihr ist? - Er geht einkaufen, trifft sie im kleinen Krämerladen. Sie begrüßen sich, leicht verlegen, zurückhaltend. „Moin Jürn" wird sie sagen, so wird er gerufen auf der Insel. „Moin Adriana" sagt er vermutlich nicht. Ich weiß ihren Rufnamen nicht. Adriana-Katharina heißt sie. Zwei sehr schöne Namen, finde ich, eine Flut von Vokalen, aber nicht alltagstauglich, schon gar nicht im Plattdeutschen. Ria oder Adi kann ich mir vorstellen. Eine Enkelin von ihr, die ihren Namen erhält, wird Anni gerufen werden.

Draußen, vor dem Krämerladen, bleiben sie noch eine Weile stehen, gehen ein paar Schritte, bleiben wieder stehen. Zwei alte Tanten im Krämerladen hinter der Fensterscheibe: „Kiek man, se stahn immer noch binanner", wird eine sagen, als bereits 20 Minuten vergangen sind. Ja doch, warum nicht. Heißt es nicht, das Erste in der Liebe sei der Sinn füreinander? Adriana und Jürgen haben den Sinn füreinander. Je länger ich mich mit ihnen beschäftige, so sicherer werde ich in meiner Einschätzung.

Anfang September 1862 stirbt Sara, Jürgens Mutter, bei der Geburt ihres vierten Kindes aus der Ehe mit Hillrich Onnen. Wir wissen es aus der Geschichte *Spurensuche*. Wo ist Jürgen als sie stirbt? Mit großer Wahrscheinlichkeit nicht auf der Insel, es ist noch Sommer, da sind Seeleute noch seltener zuhause als im Winter. Ob er eine Nachricht erhält? Eher nicht, vermutlich erreicht ihn die Botschaft von ihrem Sterben, wie in *Spurensuche* angedeutet. Hillerk-Ohm informiert ihn, als er für ein paar Urlaubstage nach Hause kommt und in Norddeich das Fährschiff besteigt. Die Mutter, einziges Bindeglied zu seinem ersten Leben auf dem Festland und wohl auch der ihm vertrauteste Mensch, ist nicht mehr. Auch für einen Achtzehnjährigen, der schon ein wenig von der Welt gesehen hat, ist das schwer zu ertragen. Wie ganz anders ist das Zuhause nun, wo nur die viel jüngeren Halbgeschwister auf ihn warten. Hillerk-Ohm muss den Alltag organisieren. Ein neunjähriges Mädchen und ein fünfjähriger Junge können nicht tagelang sich selbst überlassen bleiben. Er muss Geld verdienen, und Geld verdient er nur, wenn die Schaluppe in Fahrt ist. Selbst im reinen Fährbetrieb gibt es keine Garantie dafür abends zuhause zu sein. Zwischen den Tagen, an denen er den Fährbetrieb sicherstellen muss, wird er auch andere Fahrten übernehmen. Nach Emden vielleicht mit einer Ladung Schill, Frachtgut von Greetsiel oder einem anderen Hafen an der ostfriesischen Küste. Jemand muss stunden- oder auch tageweise die Kinder betreuen. Adriana, ledig und 22 Jahre alt, könnte das übernommen haben. Viel spricht dafür. Es gibt familiäre Bande, ihre Mutter ist eine geborene Onnen, und ihre drei Taufpaten stammen aus der Onnen-Familie. Vermutlich ist sie bei den Kindern, als Jürgen heimkommt. Betroffenheit bei beiden. Es ist schwer in dieser Situation, die richtigen Worte zu finden. Er müht sich die Tränen zu unterdrücken. Sie legt ihm die Hand auf den Arm, vielleicht sogar eine erste schüchterne Umarmung. Später begleitet sie ihn zum Friedhof, dort, wo das noch frische Holzkreuz steht.

Hillerk-Ohm wird wieder heiraten, wie damals die meisten Männer, wenn ihnen die Frauen jung sterben. Jürgen muss sich an den Gedanken gewöhnen, eines Tages eine Frau im Haus des Stiefvaters anzutreffen, die den Platz seiner Mutter eingenommen hat. Irgendwann nach dem Trauerjahr geschieht das, doch ich weiß nicht Monat noch Jahr zu nennen. Kann er sich noch zuhause fühlen, als er erstmals auf Antje trifft, die nun Frau Onnen ist? Wie wird er sie ansprechen? Die viel jüngeren Halbgeschwister werden sich daran gewöhnen, sie *Moder* zu nennen. Sie muss ihnen die Mutter ersetzen. Aber für Jürgen wird das nicht infrage kommen, er wird sie nach einer Zeit der Gewöhnung Antje oder Antje-Möh nennen, wie alle anderen auf der Insel auch. *(Möh; altertümliche plattdeutsche Bezeichnung für Tante)*

Saras Tod verändert Jürgens Leben. Die Kindheit endet abrupt. Auch wenn Hillerk-Ohm seinem Ziehsohn weiterhin ein guter Vater sein wird, ich unterstelle das, beginnt für Jürgen ein neuer Lebensabschnitt. Der Wunsch nach einem eigenen Hausstand wird allmählich in ihm wachsen. Stärker als zuvor wird er sich zu Adriana hingezogen fühlen, auch der Gedanke sie zu heiraten wird in ihm reifen. Es ist naheliegend, denn ihre Eheschließung wird nicht auf spontan entstandenen Gedanken gründen. Man wird sie jetzt häufiger zusammen sehen, wenn er auf der Insel ist. Und Adrianas Mutter wird den neugierigen Tanten im Dorf irgendwann sagen: „Ja, se sünd sick eenig". Dass sie sich einig sind, werden die beiden vermutlich auch mit einer Verlobung öffentlich gemacht haben, schriftlich habe ich dazu nichts gefunden.

Am 17. Dezember 1865 wird Adriana-Katharina, Tochter des Steuermannes Benjamin Claassen und seiner Frau Hilrica Jantje geb. Onnen, Frau Jürgen Wäcken. So bezeichnete man damals, und auch noch jahrzehntelang später, eine Ehefrau. Adriana und Jürgen haben einander zum Weihnachtsgeschenk gemacht. Lange kann sie ihn nicht behalten. Jürgen muss Geld verdienen. Wann er wieder auf See musste, ist in den mir zugänglichen Unterlagen nirgends vermerkt. Jedenfalls ist er nicht auf Juist, als Adriana im Mai 1866 *.... für sich und Namens ihres zur See abwesenden Ehemannes ...* vom Vogt Heinemann ein Haus kauft. Wir wissen es aus der Geschichte *Familiengründung.*

1866 ist das Jahr, wo das englische Schiff *Excelsior* vor Juist strandet. Georg W. Kampfer hat es in seinem Buch *Der Untergang der Excelsior* sehr gut dargestellt.

Am Abend des 3. Februar legt die Excelsior, beladen mit Wolle, Kakaobohnen, Metallbarren, Manufakturwaren und Fässern mit Öl, in Hull ab zur Fahrt nach Hamburg. An Bord 16 Mann Stammbesatzung, erfahrene Seeleute, die Frau des Kapitäns, Ellen Newton, sowie fünf deutsche Passagiere. Die Wetterbedingungen lassen keine angenehme Reise erwarten. West-Nord-West-Winde in Sturmstärke steigern sich im Laufe des 4. Februar zu einem Orkan. An diesem Sonntag endet die Reise der Excelsior am Juister Billriff.

Die Strandung wird erst am darauf folgenden Morgen von zwei Männern entdeckt, die sofort den Vogt Heinemann informieren. Um sich ein Bild von der Situation vor Ort zu machen, geht Heinemann mit einer Gruppe von Männern zum Strand Richtung Westen. Sie können mit Ferngläsern mehrere Überlebende erkennen, die sich auf die vorderen Masten gerettet haben. Dort sind sie dem eisigen Wind und dem Regen ausgeliefert. Die Rettung läuft wegen der schwierigen Wetterbedingungen nur schleppend an. Am Sonntag den 10. Februar erreicht das Juister Rettungsboot das Wrack. Ein Teil der Mannschaft und der Passagiere sind bereits Opfer der See geworden. 15 Personen, darunter Kapitän Newton und seine Frau, können gerettet und auf der Insel weiter versorgt werden. Einige sterben an den Folgen der erlittenen Strapazen und der Verletzungen. Es grenzt für mich an ein Wunder, von 15 geretteten Personen zu lesen, die nach siebentägigem Martyrium noch lebend von dem gestrandeten Schiff geholt werden konnten.

Jürgens Hochzeitsurlaub dürfte Anfang Januar zu Ende gegangen sein. Adriana ist dankbar, ihn nicht bei den Männern zu wissen, die durch die immer noch aufgebrachte See zum Wrack der Excelsior rudern. Mancher Rettungsbootmann hat bei Rettungsversuchen sein Leben verloren. Aber Adriana hat die Ankunft der geretteten Schiffbrüchigen im Ort miterlebt, das ist sicher. Wir können auch davon ausgehen, dass sie in der einen oder anderen Weise an der Pflege und Betreuung der Schiffbrüchigen beteiligt ist. Mehrere Monate werden einige der völlig entkräfteten Menschen in Juister Familien gepflegt, bis sie wieder transportfähig sind. Kapitän Newton und seine Frau gehören zu den ersten, die wieder zurückfahren können. Es gab viele Diskussionen um dieses Schiffsunglück. Die Tatsache, dass sich immer wieder Boote sowohl von den Nachbarinseln als auch vom Festland der Excelsior näherten, aber kein Rettungsversuch unternommen wurde, ist aktenkundig. Auch den Juistern wurde vorgeworfen, sich lange Zeit gelassen zu haben. Aber wer darf schon darüber urteilen, der nicht selbst die Entscheidung treffen musste. Und schließlich waren es die Juister, denen die Rettung gelang, ohne eigene Leute dabei zu verlieren. - So friesisch karg und leicht heroisch verklärt, wie es in dem Gedicht „Nis Randers" von Otto Ernst beschrieben wird, mag es den Binnenländern gefallen. Dort heißt es, nachdem die Strandung eines Schiffes gemeldet worden ist: *...Nis Randers lugt und ohne Hast spricht er: Da hängt noch ein Mann im Mast, wir müssen ihn holen.* Seiner Mutter, die ihn davon abhalten will, weil er ihr als einziger ihrer Söhne geblieben ist, antwortet er, auf den Mann im Mast zeigend: *Und seine Mutter? – Nun springt er ins Boot, mit ihm noch sechs, hohes hartes Friesengewächs, schon sausen die Ruder ....* Die Geschichte geht gut aus und der Mann im Mast ist Uwe, der seit Jahren verschollene Bruder von Nis Randers. Im nichtpoetischen Alltag auf den Inseln und an der Küste ist es längst nicht immer gut ausgegangen, wir werden davon hören.

Im Jahr 1858 hatten die Juister den 1840 begonnenen Badebetrieb wieder eingestellt. Die Benutzungsgebühren der zwei fahrbaren Badekabinen, erste und einzige Investition in einen Badebetrieb, brachten zu wenig ein, um sie unterhalten zu können. 1866, nach anderen Quellen 1870, wird ein zweiter Versuch unternommen, einen Badebetrieb auf Juist einzurichten. Diesmal geht man professioneller vor. Eine *Badecommission* wird gegründet, die Insulaner werden aufgefordert, ihre Häuser zur Aufnahme von Gästen herzurichten. Behörden werden angeschrieben, Zuschüsse erbeten. Es ist der Anstoß zu einer Entwicklung, die in ihren Folgen für die Insel und ihre Bewohner nicht annähernd vorhersehbar ist. Auch auf das Leben von Adriana und Jürgen wird sich diese Entwicklung auswirken. Doch zunächst bewirken andere Ereignisse Veränderungen. Am 3. September 1866 kommt Sohn Johann zur Welt. Mit seiner Ankunft werden Adriana und Jürgen zu einer richtigen Familie. Adrianas Alltag sieht nun anders aus. Für Jürgen ändert sich wenig, er muss Geld verdienen, ist größtenteils nicht auf der Insel, trägt aber nun mehr Verantwortung.

Nicht nur die Familie vergrößert sich, auch der Grundbesitz nimmt zu. Einem formlosen Kaufvertrag entnehme ich folgendes:

Am heutigen Tage trat ich den mir gehörigen Garten auf der sog. Kirchfläche, grenzend im Norden an Altmanns' u. Fischers Garten, im Osten an H. Schiffers' Garten, im Süden an A. Schiffers', J. O. Fischers' und Hermann Schiffers' Garten, im Westen an Domanium (Domänen) Grund an den Seefahrer Jürgen Wäcken Hierselbst für die Summe von 5 Th. = geschrieben fünf Thaler = ab. Von dieser Summe gleich erhalten 21/2 Th. geschrieben zwei Thaler fünfzehn Silbergroschen. Der Antritt erfolgt von dem .... Wäcken sofort.

Juist, den 17. März 1871

J.H. Rüst, Lehrer

Rest erhalten laut Rechnung

Juist, d. 23. März 1872

Anmerkung: Jürgen Harms Rüst war von 1865 bis 1873 Lehrer und Posthalter auf Juist.

Die katastermäßige Erfassung von Grund und Boden war noch nicht erfolgt. Zur Lagebezeichnung des erworbenen Gartengrundstücks mussten die Namen der angrenzenden Eigentümer herhalten. Offensichtlich waren auf diese Weise Lage und Größe ausreichend definiert. Wie die sichtbare Begrenzung aussah kann ich nur vermuten. Vielleicht steckte man Buschwerk ein, wie man es auch als Sandfang am Strand machte, oder man warf Wälle auf. Die gab es noch in meiner Kindheit bei den Gärten am Ortsrand. Jede Grundstücksgrenze wurde durch einen etwa 1 Meter hohen mit Gras bewachsenen Wall markiert. Trampelpfade auf den Wällen ermöglichten den Zugang zu den Gärten.

Nach der Eingliederung des Königreichs Hannover durch das Königreich Preußen wurden die Grundbesitzverhältnisse nach und nach geklärt und nicht zuletzt wegen der Grundsteuererhebung katastermäßig erfasst. Das zu Pastor Janus' Zeiten preußische Ostfriesland war 1815 auf dem Wiener Kongress bei der Neuordnung Europas auf Druck Großbritanniens von Preußen an Hannover abgetreten worden. 1866, in Folge der Auseinandersetzungen Preußens mit Österreich und des mit ihm verbündeten Hannovers wurde es wieder preußisch.

Den Ostfriesen gefiel es offensichtlich. „As wi weer an Prüßen komen sünd, do harren wi hier ok weer beter Tieden" sagten auch die Juister. Und in der Tat erfolgte in den 1880er Jahren auch auf der Insel ein wirtschaftlicher Aufschwung und es begannen bessere Zeiten.

Adriana und Jürgen haben mit dem Kauf des Gartens ihre Grundversorgung mit Nahrungsmitteln verbessert. Ob sie dabei schon weiter gedacht haben, an eine spätere Nutzung als Bauland zum Beispiel, glaube ich nicht. Doch genau das sollte später passieren. Die Gärten von Adriana und Jürgen liegen bis auf einen weiter außerhalb gelegenen im Bereich der sogenannten Kirchfläche, die in den nächsten 2 Jahrzehnten zu einer Art Filetstück werden sollte. Ihren beiden älteren Kindern werden diese früh erworbenen Flächen zu Baugrundstücken.

Über weitere Schwangerschaften Adrianas nach 1866 schweigen die alten Dokumente jahrelang. Erst 1872 ist sie wieder guter Hoffnung, wie man damals sagte. Am 22. September wird ein Junge geboren, der in einer Nottaufe den Namen Benjamin Jürgens erhält. Er wird nur 4 Wochen alt, stirbt am 20. Oktober. Ob Adriana in den vorausgegangenen Jahren Fehlgeburten hatte, auch davon ist nichts berichtet.

1874, am 6. November, kommt Sarah Jantjetina Adriana zur Welt. Mit dem ersten Vornamen wird Jürgens verstorbene Mutter geehrt, mit Jantjetina Adrianas Mutter, deren Rufname Jantje ist. Und Jürgen, wir können annehmen, dass er es war, hat darauf gedrungen,f auch Adrianas Namen in das Geburts- und Taufregister eintragen zu lassen. Sarah wird ihn später an eine ihrer Töchter weitergeben. Und weil ich das Thema Nachkommenschaft meiner Urgroßeltern nun schon etwas ausführlicher angegangen bin, will ich es abschließen, auch wenn ich dem chronologischen Ablauf etwas vorauseile.

Am 22. Oktober 1880 wird Benno Hillrich geboren. Er wird mein Juister Großvater werden.

Mit dem Eintrag 8. Mai 1883, Jürn Janssen, gest. 14. Mai, enden die Eintragungen im Kirchenbuch der Geburten, und auch das Familienstammbuch hält diesen Namen fest. Jürn Janssen, diesen Namen brachte Urgroßvater Jürgen mit auf die Insel. Jürn ist die plattdeutsche Version von Jürgen. Der jüngste Sohn sollte ihn weitertragen. Er wurde nur 6 Tage alt. Im Kirchenbuch der Geburten ist festgehalten: *Der Pastor wurde am Sonntagmorgen vor der Kirche (gemeint ist vermutlich vor dem Gottesdienst) herzugeholt ... Das Kind, welches Krämpfe bekam wurde noch dem Herrn in der Taufe dargebracht ... Taufzeugin: die Mutter des Kindes.* Adriana wird in ihrer Not wahrscheinlich die bereits achtjährige Sarah zum Pastor geschickt haben. Es mag für sie ein Trost gewesen sein, ihr jüngstes Kind als getauften Christen zu verlieren.

Ob es die Geburt von Sarah war oder der sich positiv entwickelnde Fremdenverkehr, der Adriana und Jürgen den Ausbau ihres Hauses angehen ließ, sei dahingestellt. Der folgende Bauschein gibt Zeugnis von ihren Absichten:

Norden, den 20. September 1877

Bauschein

Zu der beabsichtigten Vergrößerung des Hauses des Matrosen Jürgen Wäcken
zu Juist wird damit die nachgesuchte polizeiliche Erlaubniß ertheilt.

Bei Ausführung des Baues sind die baupolizeilichen Vorschriften der Feuerordnung für Ostfriesland vom 9. September 1863 genau zu beachten und zu befolgen.

Adriana und Jürgen haben einen Antrag gestellt, der zumindest in groben Zügen die beabsichtigten Baumaßnahmen beschreibt. Welcher Art die Vergrößerung des Hauses sein soll, ist nicht dokumentiert. Es scheint jedoch keine unbedeutende Erweiterung gewesen zu sein, denn der *Aufnahmeschein der Feuerschaden-Versicherungs-Gesellschaft für das platte Land* weist eine Erhöhung der Versicherungssumme von 450 auf 1200 Mark aus.

1886, Juist verändert sich. Ein Strukturwandel zeigt erste Konturen. Schifffahrt und der Verkauf von Schill für die Kalkmühlen auf dem Festland waren die wesentlichen Einnahmequellen der Bevölkerung gewesen. Adriana und Jürgen werden als Kinder mitgeholfen haben, ja, mussten wohl sogar mithelfen, die Muscheln zu großen Haufen zusammenzutragen. Jetzt, im Sommer 1886, sieht man Badegäste auf der Insel. Zwischen den kleinen, sich vor dem Wind duckenden Insulanerhäusern ragen bereits mehrere zweistöckige Häuser hervor. Fuhrunternehmer und Gastwirt Itzen hat sein Hotel mit einem gegenüberliegenden Neubau um 17 Zimmer erweitert. Und erste Festländer fassen Fuß auf der Insel. Senator Fastenau aus Norden und der Sanitätsrat Dr. Reinhards aus Bochum haben sich auf Juist niedergelassen. Ihre Häuser sind jedoch nur im Sommer bewohnt. Hier beginnt eine Entwicklung, die in neuerer Zeit zu einem ernsthaften Problem geworden ist. Nicht nur Juist, auch andere ost- und nordfriesische Insel leiden unter Überfremdung. Ein erheblicher Teil des Immobilienbesitzes ist in den Händen von Menschen, die meistens nur in den Ferien dort wohnen. Das soll jetzt aber kein Thema sein.

Veranstaltungen zur Unterhaltung der Gäste gibt es nicht. Es kommen offenbar nur Menschen zur Insel, die bewusst ein einfaches Leben führen wollen oder wegen der gesundheitsfördenden Wirkung des Seeklimas und der Ruhe Juist für ihren Urlaub wählen. Eine Abwechslung bietet nur die Ankunft neuer Gäste. Wenn das Fährschiff auf der Reede angekommen ist, versammeln sich die bereits auf der Insel weilenden Fremden am Wattufer, um die Neuankömmlinge zu empfangen. Es wird zu einer Art Spießrutenlaufen für die Neuen. Sie werden begutachtet und, hinter vorgehaltener Hand, auch bekrittelt. Diese Form des Empfangs wird von den Zeitgenossen daher auch als „Lästerallee" bezeichnet. Es war eine frühe Form dessen, was noch in meiner Kindheit und Jugend üblich war. Damals wurden Neuankömmlinge beim Verlassen des Bahnhofs vom Chor der „Oooh – wie – blaaass"-Rufer empfangen.

Adriana und Jürgen haben sich auch auf Badegäste eingestellt. Sie haben zunächst ihr Grundstück vergrößert. Aus einem vom 8. September 1885 datierenden Kaufkontrakt erfahre ich vom Kauf der angrenzenden Doppelhaushälfte. Ich hatte gelegentlich davon gehört, allerdings nie einen Beleg gesehen. Nun weiß ich, es war eine Doppelhaushälfte, die Adriana 1866 kaufte. Es gab mehrere dieser Doppelhäuser auf der Insel, auch heute ist noch eins erhalten. Die an das Adriana und Jürgen gehörende Haus angrenzende Haushälfte gehörte der Gemeinde. Es wurde als Armenhaus vorgehalten und war baufällig geworden. Wie schnell eine Familie arm werden kann, davon wussten die Juister zu erzählen. Die Februarflut 1828 beispielsweise hatte in Ostfriesland 700 Menschenleben gefordert und überflutete auch das ganze Juister Dorf. Fünf Häuser wurden total zerstört, eine alte Frau ertrank und von dem Vieh blieb nur eine Kuh am Leben. Nur ein Brunnen war noch intakt, die anderen waren versalzen, 29 Menschen hatten alles verloren, mussten mit dem Hungertod rechnen. Die Regierung schickte 100 Taler. Der Vogt reagierte sarkastisch: „Hier kann man dafür nichts kaufen", ließ er die Regierung wissen, worauf hin Nahrungsmittel geliefert wurden.

Jürgen und Adriana erwerben das 1885 baufällig gewordene Nachbarhaus für 220 Mark. Ihnen wird dabei zur Auflage gemacht, das erworbene Haus *bis zum 8. Oktober d. Jahres* abzureißen und die nun freiliegende Ostseite ihres Hauses - vermutlich gab es da nur eine Brandmauer - bis zum gleichen Datum *... in Stein und Kalk ...* herzustellen. Die Kosten für die Grundbuchänderung und sonstige Verwaltungsgebühren, das vergaß man nicht festzuschreiben, haben die Käufer zu tragen. Im Übrigen wird ihnen freigestellt, das erworbene Grundstück zu bebauen oder wieder zu verkaufen. Jürgen und Adriana sollen den Erwerb des Nachbargrundstücks offenbar für eine weitere Vergrößerung ihres Hauses genutzt haben. Ich entnehme das einer Aufforderung zur Steuernachzahlung, ausgestellt am 7. Januar 1894 vom *Königlichen Landrath*. Dem Briefträger Herrn Jürgen Wäcken und dessen Ehefrau wird vorgehalten, es unterlassen zu haben, *.... die Vergrößerung Ihres im Sommer 1886 bewohnbar gewordenen Wohnhauses Juist Nr. 17/Nr. 19 der Gebäudesteuerrolle von Juist bis zum 1. Januar 1889 zur Versteuerung anzumelden.*

Jürgen ist inzwischen Briefträger geworden, lerne ich aus diesem Dokument, das weitgehend als Vordruck hergestellt wurde. Allerhand Steuergesetze werden angezogen und das Vergehen näher erläutert. *....Die unterlassene rechtzeitige Anmeldung hat zur Folge gehabt ... daß dem Staate ... **Mehr**steuer von 9,60 Mark vorenthalten worden ist. ...* Das Wort **Gebäude** ist im Vordruck durchgestrichen und durch das handschriftlich darüber gesetzte Wort **Mehr** ersetzt. Steuern haben Jürgen und Adriana also bezahlt, aber zu wenig, wie wir aus dem Wort Mehrsteuer ableiten können. In Preußen herrscht Ordnung, der Staat pocht auf sein Recht und setzt es auch durch, wenn auch mit Verspätung. Es heißt dann:

.... soll jedoch von der Einleitung des Strafverfahrens und der Einziehung der Strafe, welche dem doppelten Betrage der vorenthaltenen nicht verjährten Gebäudesteuer gleichkommt unter der Bedingung Abstand genommen werden, daß Sie die rückständige Gebäudesteuer ... binnen einer Frist von 14 Tagen freiwillig an die Steuerkasse Norden zahlen ... andernfalls wird das .... ordnungsgemäße Strafverfahren gegen Sie sofort eingeleitet werden. ....

Hätte der mächtige preußische Staat das ordnungsgemäße Strafverfahren durchgeführt, wäre die Steuer also in doppelter Höhe fällig geworden. Adriana und Jürgen werden sich beeilt haben, der Zahlung innerhalb der gesetzten Frist nachzukommen. Jedoch werden sie sich zunächst gefragt haben, um welche Vergrößerung ihres Hauses es gehen solle. Von ihrem im Sommer 1886 bewohnbar gewordenen Wohnhaus Juist Nr. 17/Nr. 19 ist die Rede im königlich landrätlichen Schreiben. Es gibt auf Juist noch keine Straßennahmen zu jener Zeit. Die paar Dutzend Häuser sind durchnummeriert und werden allenfalls durch den Zusatz Osterhook oder Westerhook ergänzt. Wie wir aus der Vorgeschichte wissen, haben Adriana und Jürgen im Sommer 1886 die an ihr Haus (Osterhook Nr. 17) angrenzende Doppelhaushälfte (Nr. 19) gekauft. Dies geschah mit der Bedingung, diese baufällige Haushälfte kurzfristig abzureißen. Dem sind sie sicher nachgekommen. Bezieht sich die vom Landratsamt angesprochene Vergrößerung des Wohnhauses auf den Zukauf von Nummer 19? Sollen Adriana und Jürgen für ein abgerissenes Haus Steuern zahlen? Sollte sich die Steuer auf das durch den Zukauf vergrößerte Grundstück beziehen? Das würde Sinn machen. Aber es ist ausdrücklich von einer Gebäudesteuer und einem vergrößerten Wohnhaus die Rede. Es gibt jedoch keinen Bauantrag, keinen genehmigten Bauschein. Wir werden keine abschließende Antwort finden, es gibt keinen mir vorliegenden Schriftverkehr zu diesem Vorgang. Also begnügen wir uns mit der

Feststellung, dass im preußischen Staatswesen alles seine gottgewollte Ordnung hatte und eine königliche Behörde sich nicht irren kann.

Im gleichen Jahr tritt eine weitere königliche Behörde an meine Urgroßeltern heran, genauer gesagt an Adriana. Mit einem Schreiben

An die Ehefrau Schiffer Jürgen Wäcken, Adriane geb. Claaßen, zu Juist wird mitgeteilt daß
Auf Verfügung des Königlichen Amtsgerichts hierselbst vom 5. November 1886 werden Sie hierdurch benachrichtigt, daß auf dem Grundbuchblatte des Grundbuchs zu Juist, Band 37III No 29 Fol ... 281 heute Folgendes eingetragen ist: ...
Der Nr. 1 Garten in den sogenannten Norderthunen (Thun, ostfr. für Garten) ist auf Adrianas Namen ins Kataster und in die Grundsteuermutterrolle eingetragen. Parzelle, Größe, Nutzungswert: Alles ist säuberlich erfasst, preußisch eben. Als Zeit und Grund des Erwerbs wird genannt: *Aufgrund des 24 jährigen Besitzes, eingetragen am 9. November 1886.*

Das ist doch ein schönes vorweihnachtliches Geschenk. Und es beweist auch: Die Absprachen, die die Insulaner früher hinsichtlich Lage, Größe und Begrenzung ihrer Grundstücke trafen, werden von den Behörden akzeptiert.

Es war eine gute Saison 1886. Mit über 1000 Badegästen steht Juist in der Gunst der Besucher an dritter Stelle hinter Norderney und Borkum. Man beginnt schon professionell Werbung zu machen, inseriert in Zeitungen, wirbt mit seinem festen flachen Strand, der guten Luft und den noch sehr günstigen Preisen.

Die Männer der Insel sind in der zweiten Hälfte des 19. Jahrhunderts immer noch überwiegend in der Seeschifffahrt beschäftigt. Sie heuern als Matrosen oder Steuerleute auf Kauffahrteischiffen an. Der Handel mit Nachbarländern an Nord- und Ostsee hat deutlich zugenommen. Aber auch zum Mittelmeer oder weiter nach Übersee sind sie unterwegs. Auch Jürgen und sein ältester Sohn, Johann, gehören zu den Fahrensleuten. Auf Juist sind nur noch 8 Schiffe beheimatet. Zwei Tjalken, eine größere Schaluppe und fünf kleinere Schaluppen. Die Tjalken befördern Stückgut zwischen Hamburg, Bremen, Emden und Leer, die Schaluppen Stückgut, Baumaterial und Schill im Wattgebiet. Im Sommer werden sie auch zur Seehundjagd und zu Vergnügungsfahrten eingesetzt. So entwickelt sich schon früh ein weiterer Erwerbszweig, wenn auch jeweils nur für die sommerliche Ferienzeit. Eine Schaluppe, die *Möve*, dient als Fährschiff. Sie gehört dem Kapitän und Inselbriefträger Hillrich Onnen und seinem Schwager Kapitän Schmidt. Hillrich Onnen ist der 1857 geborene Sohn von Hillerk-Ohm und meiner Ururgroßmutter Sara. Der Steuermann, Ulrich Schmidt, hat Hillrich Onnens ältere Schwester Gretje Weers Onnen geheiratet, Jürgens Halbschwester. Hillrich jun. hat somit das Geschäft des Vaters übernommen. Von dem wissen wir allerdings, dass er auch im Alter von über neunzig noch mit seiner Schaluppe unterwegs war. Vielleicht haben Vater und Sohn sich ergänzt. Und offenbar hat Hillrich jun. die Briefträgerei an seinen Halbbruder Jürgen abgetreten, der ja, wie wir inzwischen wissen, von den Behörden schon mit der Berufsbezeichnung Briefträger angeschrieben wird. Hillrich bringt die Post zur Insel, Jürgen bringt sie zu den Adressaten. Zunächst sicher nur in den Sommermonaten, im Winter gibt es zu wenig Post.

Im Januar 1887 trifft ein schlimmer Schicksalsschlag die Insel. Die Familien von Adriana und Jürgen sind auch davon betroffen. Der Winter kommt früh, Schnee liegt auf den Dünen und auf den Hausdächern. Eine geschlossene Eisdecke im Watt reflektiert die Strahlen der tiefstehenden Sonne. Der Ort duckt sich unter dem eisigen Ostwind. Ich kann es mir gut vorstellen, Eiswinter gehören zu meinen Kindheitserinnerungen. Die Insulaner verlassen ihre Häuser nur, wenn ein Anlass gegeben ist. Nur die Kinder treibt es nach draußen. Mein Großvater Benno, im Oktober ist er sechs geworden, und seine zwölfjährige Schwester Sarah werden dabei gewesen sein. Zu Weihnachten gibt es kaum etwas. Die Fährverbindung ist schon seit längerem eingestellt. Händler aus Norden, die sich noch ein Weihnachtsgeschäft auf der Insel erhofften, müssen mit ihrer Ware auf dem Festland bleiben. Die Schulkinder lernen unter der Anleitung von Lehrer Leege, aus am Strand gesammelten Bambusstäben Weihnachtsbäume herzustellen. Das Tannengrün wird durch Moos ersetzt. (60 Jahre später werden wir im ersten Nachkriegswinter ähnliches tun.)

Die Versorgung der Juister mit Nahrungsmitteln wird knapp. Es leben immerhin 200 Menschen auf der Insel. Dank der Viehwirtschaft können die Kinder wenigsten mit Milch versorgt werden. Der Juister Ortsvorstand berät über einen Ausweg aus der angespannten Situation. Aus Norderney wird telegrafisch über dort bereitgestellte Lebensmittel berichtet. Auch zwei Juister Seeleute auf Heimaturlaub warten dort auf eine Gelegenheit, nach Juist zu kommen. Hillrich Onnen und Ulrich Schmidt entschließen sich, die Fahrt nach Norderney mit dem Beiboot ihres Fährschiffes Möve zu wagen. Das Watt ist zugefroren, das Vorhaben lässt sich nur von der Seeseite der Insel aus bewerkstelligen. Auch dort türmen sich Eisschollen auf. Am 15. Januar ist die Wetterlage günstig, auch der Wind steht gut. Hotelier Itzen, der auch noch Fuhrunternehmer ist, bringt das Boot zum Strand. Östlich vom Rettungsweg, der an den heutigen Tennisplätzen vorbeiführt, hat man eine Lücke in der Eisbarriere entdeckt. Eine Reihe kräftiger Männer an jeder Bootsseite packt an und trägt das Boot ins Wasser. Neben den beiden Fährschiffern gehören die Matrosen Gerd Jacobs Dirks und Tobias Breeden mit zum Expeditionscorps. Es ist 9 Uhr an diesem

Sonnabend, als das Boot die niedrige Brandung überwunden hat und die Schiffer das Segel setzen. Von der Höhe einer Stranddüne aus gibt Vogt Brinkmann das Signal, Lehrer Leege zu informieren. Der ist auch für die Telegrafenstation zuständig und informiert Norderney. Die am Strand versammelten Juister werden nach und nach in ihre Häuser zurückgekehrt sein. Es bleibt nichts weiter übrig als auf den guten Ausgang des Unternehmens zu hoffen.

Die durch Lehrer Leege informierten Norderneyer schaffen mit einem Pferdefuhrwerk Lebensmittel und Postsäcke an den Strand. Die beiden auf Norderney wartenden Juister Seeleute werden informiert. Viele Insulaner machen sich auf den Weg, wollen dabei sein, wenn die Expedition von der Nachbarinsel eintrifft. Nach zweistündiger Fahrt erreichen die Juister den Norderneyer Strand. Mit großem Beifall werden sie dort begrüßt und mit heißem Tee und Rum versorgt. Aber man hält sich nicht lange auf. Schnell ist das Boot beladen. Um 11:30 nimmt die um die zwei Passagiere verstärkte Mannschaft die Riemen in die Hand und durchrudert die Brandung. Dann geht es westwärts, das Ostende der Heimatinsel, der Kalfamer, ist gut sichtbar.

Erleichterung auf Juist. Per Telegraf ist die Botschaft von der gelungenen Ankunft und von der Abfahrt von der Nachbarinsel übermittelt worden. Hoffnungsfrohes aber auch banges Warten auf Juist. Nach und nach steigen die Juister auf die Dünen, halten Ausschau, versammeln sich am Strand. Dort warten bereits die Männer der Rettungswacht mit ihrem Vormann Johann Classen. Sie sind beunruhigt, das Wetter hat sich verschlechtert. Dunkle Wolken ziehen auf, starker Nordwind setzt ein. Die sechs Männer an Bord kämpfen mit der stärker werdenden Brandung. Gegen 13:30 ist die Ausgangsposition erreicht. Erste Jubelrufe vom Juister Strand, erleichterte Männer im Boot. Aber noch treibt das Boot in den höher werdenden Wellen. Das

Segel ist eingeholt, der Mast umgelegt. Jetzt gilt es die Brandung zu durchrudern. Die äußere Brandungsbarriere ist überwunden. Plötzlich schlägt eine hohe Welle über das Boot. Es kentert und entzieht sich den Blicken der am Strand wartenden Menschen. Der Ortsvorsteher Janns Peter Schmidt (der Vater von Ulrich Schmidt) und der Vormann Johann Classen reagieren sofort, geben Alarm für die Mannschaft zur Rettung Schiffbrüchiger. Die Rettungsmänner rennen zur Rettungsbootstation im Ostdorf, ziehen mit Unterstützung der Pferde von Fuhrunternehmer Itzen das Rettungsboot *Leer* aus dem Schuppen, überqueren die Dünen und eilen zum Strand. Itzen hatte mit seinem Gespann bereits am Rettungsweg bereit gestanden, um das Beiboot der *Möve* vom Strand zu holen. Ihm ist es zu verdanken, dass das Rettungsboot bereits 15 Minuten, nachdem sich die Katastrophe ereignet hatte, am Unglücksort eintrifft. Inzwischen sind der Steuermann Ulrich Schmidt und der Matrose Gerd Jacobs Dirks ertrunken. Die vier anderen konnten mittels der festgehaltenen Riemen und mit Hilfe von Land den Strand erreichen. Das Rettungsboot wird sofort zu Wasser gelassen, um die Untergegangenen aufzufischen. Erfolglos, nur die herumtreibenden Gegenstände können ins Boot gezogen werden. Etwa eine Stunde später treiben die Leichen etwas östlich vom Strandabschnitt an der heutigen Herrenstrandstraße an der dort vor dem Strand lagernden Eiskante an. Die Leiche von Gerd Jacobs Dirks treibt direkt vor die Füße seines Bruders Anton. Gretje, Ulrich Schmidts Frau, bricht am Strand zusammen. Die Frau von Dirks hält weinend ihre achtjährige Tochter in den Armen; so ist es überliefert.

Der achtunddreißigjährige Ulrich Schmidt hinterlässt seine Frau mit fünf Kindern im Alter zwischen sechs Wochen und 11 Jahren und seine Eltern. Der gleichaltrige Gerd Dirks hinterlässt seine Frau mit zwei Kindern, acht und zwei Jahre alt, sowie seine Mutter, die Witwe Antje Gesine Dirks geb. Breeden. Wenige Tage später die Trauerfeier in der kleinen Kirche. Die Särge stehen nebeneinander zwischen den hölzernen Säulen, die die grünlichblaue Holzdecke tragen. Pastor Oepke tauft den sechs Wochen alten Säugling über dem Sarg seines Vaters auf den Namen Janns Peters Ulrich. - Fast alle werden in der Kirche gewesen sein. Versteinerte Gesichter, Tränen, Verzweiflung. Ob sie das Sylvester-Lied gesungen haben? „Wie mit grimmgem Unverstand Wellen sich bewegen ….." wird traditionell am Sylvesterabend in der Kirche gesungen. Es hätte gepasst an diesem Tag: „…. nirgends Rettung nirgends Land vor des Sturmes Schlägen". Das abschließende „Christ Kyrie, komm zu uns auf die See", es wird verhaltener geklungen haben, viele, niedergedrückt in ihrer Trauer, nicht fähig zum Mitsingen.

Und in den nächsten Tagen immer wieder die gleichen Fragen. Warum? War es vermessen gewesen, diese Expedition durchzuführen? Tragen wir vom Ortsvorstand, die grünes Licht gaben, die Verantwortung für dieses Unglück? Müßig! Es war eine wohlabgewogene Entscheidung. Die Männer, die die Fahrt unternahmen, waren erfahrene Seeleute, mit dem Seegebiet und seinen Tücken vertraut. Hin- und Rückfahrt waren gut bewältigt worden. Die Brandungswelle, die ihnen zum Verhängnis wurde, hätte 10 Sekunden früher oder später keinen Schaden angerichtet.

Drängender ist es die Frage zu beantworten, wie die Familien, die den Ernährer verloren haben, nun versorgt werden können. Adriana und Jürgen sind unmittelbar betroffen. Die Witwe Gretje Schmidt ist Jürgens Halbschwester, wie wir wissen. Sie sind zusammen aufgewachsen. Er, der neun Jahre ältere, war für sie der große Bruder. Sie haben sich gut verstanden, habe ich in meiner Jugend gehört. Heet nennt er sie, vermutlich wurde sie in der Familie so gerufen. Ob er in diesen Januartagen des Jahres 1887 auf Juist ist oder zur See fährt, darüber habe ich keine Auskunft. Adriana wird sich um Gretje gekümmert haben, soweit es ihr möglich war. Sohn Johann könnte am Tag des Unglücks noch zuhause gewesen sein. Wenn ja, ist er auch mit im Rettungsboot gewesen, seit 1882 ist er Mitglied der Deutschen Gesellschaft zur Rettung Schiffbrüchiger. Am ersten Februar 1887 tritt er seinen Militärdienst an, bei der II. Matrosendivision Wilhelmshaven. Bis zum Ende seiner Militärzeit 1889 verrichtet er Dienst auf einigen Schiffen seiner Majestät des Kaisers. Er hat sogar die Ehre, so man es so sehen will, gleich drei Kaisern zu dienen. 1888 ist das Drei-Kaiser-Jahr, wie wir wissen. Wilhelm I stirbt, sein ihm nachfolgender schwerkranker Sohn Friedrich Wilhelm stirbt nach 99tägiger Regentschaft, dessen ältester Sohn wird König von Preußen und als Wilhelm II Kaiser von Deutschland. Er, ältester Enkel von Queen Victoria, wird maßgeblich für die zerrütteten deutsch-britischen Beziehungen verantwortlich sein, die im 1. Weltkrieg für das Deutsche Reich zum Desaster werden.

Insel- und Küstenbewohner sind vertraut mit den Gefahren der Seeschifffahrt, wissen, dass ihnen die See immer wieder Angehörige nimmt. Manche bleiben verschollen. Die Kirchenbücher können darüber berichten. Das Unglück, das die Juister im Januar 1887 erschüttert, hat seine besondere Tragik. Die See nimmt ihnen zwei der Ihren direkt vor der Haustür. Zwei, die eine mutige Fahrt für die Versorgung ihrer Mitmenschen mit Nahrungsmitteln unternommen haben, verlieren dabei ihr Leben, zwei, die nur noch gut 100 Meter vom rettenden Strand entfernt sind. Am Strand stehen die Menschen, die auf sie warten, sie erleben den grausamen Moment wo die See sie ihnen nimmt.

Ulrich Schmidt und Gerd Dirks sind nicht die letzten Juister Opfer der See im ausgehenden 19. Jahrhundert (vergl. K.H. Wiechers; „...und fuhren weit übers Meer"). Anfang November 1891 verlässt die Kraveel (ein Schiffstyp) *Concurrent* Norden mit einer Ladung Hafer nach Elmshorn. An Bord sind der Kapitän Onne Gerriets Fisser und der Matrose Claas Claaßen. Sie kommen nicht im Zielhafen an. In den folgenden Tagen werden Wrackteile der *Concurrent* auf Juist, Norderney und Langeoog angeschwemmt. Zunächst wird vermutet, das Schiff sei von einem transatlantischen Dampfer gerammt worden. In den 1890er Jahren befuhren schon relativ große und schnelle Schiffe die Nordsee auf dem Weg nach Amerika oder zurück nach Bremerhaven oder Hamburg. Bei schlechter Sicht oder Dunkelheit konnte ein viel kleineres Schiff übersehen, gerammt oder regelrecht untergepflügt werden. Die angeschwemmten Wrackteile der *Concurrent* bestätigten diese Vermutung jedoch nicht. Bei Schüttgut, selbst wenn es in diesem Fall vermutlich in Säcken verpackt war, ist bei starkem Seegang nicht auszuschließen, dass die Ladung verrutscht. Der Schwerpunkt verschiebt sich, das Schiff wird instabil, kentert oder wird mit starker Schlagseite durch überkommende Seen unter Wasser gedrückt. Vermutlich war die verrutschte Ladung die Ursache für den Untergang. Auf Juist verlieren wieder zwei Familien ihre Ernährer. Claas Claaßen ist ein jüngerer Bruder Adrianas. Ob die Leichen der beiden Seeleute irgendwo angeschwemmt wurden, ich habe nichts dazu erfahren können. Oft genug behält die See ihre Opfer.

Ich finde ein Dokument, aus dem hervorgeht, dass Jürgen Vormund der Tochter des verstorbenen Claas Claaßen wird. Es ist ausgestellt von der Deutschen Gesellschaft zur Rettung Schiffbrüchiger (DGzRS) in Bremen mit Datum 15. April 1899. Darin heißt es:

Herr Emile Robin zu Paris ... hat der DGzRS ein Kapital gestiftet. Aus dessen Einkünften ... *sollen jährlich 6 einmalige Gaben von je 100 Mark an minderjährige Waisen weiblichen Geschlechts von Bootsleuten ....von der Gesellschaft vertheilt werden ...Die Gaben sollen auf den Namen der Waisen auf Sparkassenbücher der Sparkasse in Bremen belegt und den Waisen am Tage ihrer Volljährigkeit ausgehändigt werden.* Zu den Einzahlungen auf die Sparkassenbücher wird aufgeführt: *auf Nr. 101100 der für die am 8. September 1879 geborene Gesine Claaßen zu Juist, Tochter des daselbst wohnhaften gewesenen, verstorbenen Claas Claaßen.* Abschließend heißt es:

Abschrift vorstehenden Schreibens erhalten Vormünder zur Kenntnisnahme.
Norden, den 29. April 1899
Königliches Amtsgericht

Das Dokument ist an *Herrn Postboten Jürgen Wäcken zu Juist* adressiert. Gesine Claaßen, Adrianas Nichte, ist 12 Jahre alt, als sie den Vater verliert. Sie wird zwanzig, als sie von dem für sie angelegten Sparbuch erfährt. Ein Jahr später wird sie darüber verfügen können.

Wer war Emile Robin und welchen Anlass hatte er für seine großherzige Spende für die weiblichen Waisenkinder von auf See gebliebenen *Bootsleuten*? War er, oder ein Angehöriger, Opfer eines Schiffsunglücks und von den Seeleuten der DGzRS gerettet worden? Vermutlich besteht dort ein Zusammenhang; ich bin der Frage nicht weiter nachgegangen.

In den 1890er Jahren verändert Juist sich in großen Schritten. Die Straßen nehmen Konturen an. Die Wilhelmsstraße sowie Friesenstraße und Dünenstraße bilden die zukünftigen Ost-West Achsen, die kreuzende Strandstraße gemeinsam mit der Bahnhofstraße markiert die Nord-Süd-Richtung. Gepflasterte Straßen gibt es noch nicht, wenn man von einigen schmalen Gehwegen absieht. Der heutige Ortskern bildet sich heraus. Hotels und Logierhäuser werden gebaut. Adriana und Jürgen erleben den Wandel. Die Welt ihrer Kindheit, geprägt von einer verstreuten Ansammlung niedriger Insulanerhäuser, verschwindet in rasantem Tempo. Sohn Johann, inzwischen verheiratet mit Gesine Neumann aus Norden, baut neben den Eltern auf einem von ihnen erhaltenen Grundstück 1896 das noch heute bestehende Haus

Seemannstreu. Für kurze Zeit ist es mit seinem hohen Satteldach das höchste Haus auf Juist. Sohn Benno beginnt im gleichen Jahr eine Lehre als Zimmerer und Bautischler bei dem Bauunternehmer Johannes Abheiden. Der stellt ihm nach drei Lehrjahren mit einem in gestochen schöner Handschrift erstellten Lehrbrief ein gutes Zeugnis aus. Arbeit für gute Handwerker gibt es auf Juist genug, und Adriana wird froh sein, ihren Jüngsten nicht auch noch auf See zu wissen. Sohn Johann, der über 20 Jahre in der sogenannten Großen Fahrt nach Amerika und Asien sein Geld verdiente, begnügt sich nun mit der Wattfahrt zwischen Juist und Norddeich.

1894 entsteht eine 300 Meter lange hölzerne Landungsbrücke. Von dort holen hochrädrige Pferdefuhrwerke die Gäste ab. Vier Jahre später bekommt Juist die erste von Pferden gezogene Schienenbahn. Mit dem neuen Raddampfer *Ostfriesland* wird ein regulärer Sommerbetrieb eingeführt.

1898 wird nach nur neunmonatiger Bauzeit das Kurhaus fertiggestellt. Es wird das führende Hotel, mit eigener Wasser- und Stromversorgung, Zentralheizung sowie 6 Telefonanschlüssen. Im Gästebuch finden sich nun illustre Namen, wie beispielsweise Prinz Louis Ferdinand von Hohenzollern, König Friedrich August von Sachsen, der Zar von Bulgarien, General Ludendorf, Felix Graf Luckner. Da können Adriana und Jürgen mit einem Professor Seliwanoff aus St. Petersburg nicht mithalten. Sie werden sich, inzwischen über fünfzig, gelegentlich fragen, ob diese stürmische Entwicklung ihres kleinen Dorfs gut ausgehen wird. Was sie erleben, sprengt alle Maßstäbe, die in ihren ersten drei bis vier Lebensjahrzehnten gültig waren, schiebt die überkommenen Erfahrungen und Lebensgewohnheiten beiseite.
Ebenfalls im Jahr 1898 wird die 1779 errichtete Kirche um einen Altarraum erweitert. Die Zahl der Juist im Sommer aufsuchenden

Gäste ist stark angestiegen, die Kirche bietet nicht mehr genügend Raum bei den sonntäglichen Gottesdiensten.

1899 wird das neue Warmbad fertiggestellt. Es hat mit dem zugehörigen Maschinenhaus und einem Wasserreservoir auf den Dünen 100.000 Goldmark gekostet. Damit hat Juist den Anschluss an den damaligen Bäderstandard hergestellt. Durch weitere Investitionen steigt die Schuldenlast der kleinen Gemeinde bis 1902 auf 550.000 Mark und das bei 400 Einwohnern. Adriana und Jürgen werden diese Zahlen vermutlich ungläubig zur Kenntnis nehmen. Und sie werden besorgt sein. Ihre beiden älteren Kinder haben sich für den Bau ihrer Logierhäuser verschulden müssen. 1899, entnehme ich einer Urkunde, hat Adriana ihrem Schwiegersohn Tobias Doyen ein auf ihren Namen eingetragenes Grundstück übertragen. Sarah und Tobias bauen das Haus Doyen, das heute noch zur erhaltenen Bausubstanz aus den Gründerjahren gehört.

Auch andere machen sich Gedanken über die forsche Entwicklung der Insel. Der damalige Lehrer Otto Leege notiert: *Am Buß- und Bettag hielt der Pastor keine erbauliche Predigt, sondern schimpfte auf den Übermut in Juist, wo die Leute jetzt anfangen, zweistöckige Häuser auf den Sand zu bauen.* Es war Pastor Grashoff, der dort seinen Unmut äußerte, der Mann von Elisabeth Grashoff, die so liebevoll über die Juister geschrieben hat (*Tant Haukes Huus*). Adriana und Jürgen werden vermutlich in der Kirche gewesen sein, Jürgen gehört zum Kirchenvorstand. Ihre beiden älteren Kinder, Johann und Sarah, bauten gerade zweistöckige Häuser. Ob ihnen beklommen zumute war?

Die Entwicklung der Gästezahlen auf Juist gibt den fortschrittlich denkenden Insulanern und den nach Juist ziehenden Personen Recht. Kamen 1887 gerade einmal 1000 Gäste, so waren es 1892 bereits 3640. Bis 1902 wuchs die Zahl auf 4152 und 1911 waren es fast 8000.

Sohn Johann und Frau Gesine sorgen in den späten 1890er Jahren für die ersten drei Enkelkinder von Adriana und Jürgen. Tochter Sarah und Schwiegersohn Tobias ziehen mit einem *Jahrhundert-Sohn* in 1900 nach.

Wie überall in Deutschland so wird auch auf Juist das neue Jahrhundert mit Pomp begrüßt. Man ist patriotisch, man ist kaisertreu. Im Februar 1903 wird der Militärverein Juist gegründet; Mitglieder sind ehemalige Soldaten. Aus dem Protokoll einer Sitzung von September 1903 entnehme ich Folgendes: *Für die Geburtstagsfeier Seiner Majestät des Kaisers wurden in Übereinstimmung mit der hiesigen Musikkapelle patriotische Lieder gespielt und gesungen. .... Nach Schluss der Sitzung hatte Kamerad Leutnant Moeger ein Fässchen Bier auflegen lassen, welches beim Singen patriotischer Lieder in gemütlicher Weise geleert wurde.* Wie viele Hochs an diesem Abend auf den Kaiser ausgebracht wurden, hat der Protokollführer nicht festgehalten. Einige Jahre später berichtet das Protokoll über den Austritt von 5 Kameraden, darunter Benno Wäcken, weil sie einer freien Gewerkschaft beigetreten waren. *Diese Gesinnung wird statutengemäß als sozialdemokratisch* angesehen, heißt es im Protokoll. Sozialdemokratisch und kaisertreu, das passte nicht zusammen. Da kann ich doch ein wenig stolz sein auf meinen Großvater, der den Mut hatte, sich aus dieser Kameradschaft zu lösen.

Die Juister sind zu Recht stolz auf die Entwicklung von einer kleinen Inselgemeinde, deren Menschen ihren Lebensunterhalt notdürftig durch Seefahrt bestritten, hin zu einem aufstrebenden Seebad. Daraus entstehen zwangsläufig neue Aufgaben und Anforderungen. Die Verwaltung wird aufwendiger und vielschichtiger. Selbst so banale

Dinge wie das Baden in angemessener Bekleidung müssen geregelt werden. Dafür gibt es strenge Regularien. Im Rathaus kann man sich an dort ausgestellten Modellen über schickliche Badebekleidung informieren. Dazu heißt es: *...der Badeanzug muss den Körper vom Hals bis zum Knie fest umschließen und von undurchsichtigem Stoff sein ...* In den Archiven finden sich jedoch auch Schreiben aufmüpfiger Bürger, die nackt baden wollen *... weil der Badeanzug gesundheitsschädlich ist ... und man im Badeanzug nicht schwimmen kann und leicht ertrinkt.* Diesem Begehren kann die Badekommission nicht nachkommen; es bleibt vorerst bei dem, was der Mehrheit wohl als schicklich gilt.

Für Adriana und Jürgens Jüngsten beginnt das neue Jahrhundert mit dem Militärdienst. Seinem Militärpass, ausgestellt auf Musketier Benno Hillrich Wäcken, entnehme ich folgendes:

- *Dienstantritt 12. Oktober 1900 als Ersatz-Rekrut bei ... Infanterie-Regiment Herzog Friedrich Wilhelm von Braunschweig (Ostfr.) Nr 78, 1te Komp.*

- *Besondere militärische Ausbildung:*
• *Ist als Tambour ausgebildet*
• *Ist mit Gewehr 88 ausgebildet; 1ste Schießklasse*

- *Datum und Art der Entlassung: 22. September 1902 zur Reserve beurlaubt*

- *An Bekleidungsstücken hat der derselbe bei seinem Abgange erhalten: Waffenrock, Hose, Unterhose, Mütze, Halsbinde, Hemde, Paar Stiefel (Schuhe)*

- Derselbe hat auf dem Marsche nach seinem künftigen Aufenthaltsort die Eisenbahn von Osnabrück bis Norddeich gegen Militärfahrschein zu benutzen und seine übrigen Bedürfnisse aus den ihm diesseits mit 85 Pf. behändigten Marschgebühren zu bezahlen.

Eine Eintragung über Urlaub in diesen 2 Jahren ist nicht vermerkt, so dass wir davon ausgehen können, Benno kehrt nach knapp zweijähriger Abwesenheit zur Insel zurück. So weiß ich es auch von seinen Erzählungen. Ob er die ihm „behändigten" 85 Pfennige zur Wegzehrung nutzte, ist nicht überliefert. Zwei Jahre Schule der Nation, wie der Militärdienst damals auch genannt wurde, liegen hinter ihm. Er wird sich verändert haben, nicht nur äußerlich. Einen kleinen Schnurrbart hat er sich wachsen lassen, klar, und er trägt *Kaisers Rock* bei seiner Rückkehr. Sie werden ihn trotzdem gleich erkannt haben, seine Eltern, seine Geschwister und auch die anderen, die ihn von Kindesbeinen an kennen. Seine veränderte Art sich zu bewegen und zu sprechen werden sie bemerken. Zwei Jahre Militärdienst hinterlassen Spuren bei einem so jungen Menschen, der erstmals die kleine enge Welt einer Nordseeinsel verlassen hat. Zwei Jahre, die geprägt waren von Befehl und Gehorsam. Aber auch zwei Jahre am Rande einer kleinen Stadt, die man in der Freizeit aufsuchen durfte, zwei Jahre mit Menschen aus anderer Umgebung, mit anderen Lebenserfahrungen haben ihn erwachsener werden lassen. Und wenn er zukünftig gefragt wird „Haben Sie gedient" wird er stolz antworten können: „Jawoll! Infanterie-Regiment Herzog Friedrich Wilhelm von Braunschweig (Ostfr.) Nr 78, 1te Kompanie". Mehrmals wird er zu Reservisten-Übungen einrücken, Führung: sehr gut, Strafen: keine.

Im Jahr 1905 wird Jürgen befördert. Eine Bestallungsurkunde informiert über folgenden Beschluss:

Im Namen des Königs

Der Posthilfsbote Jürgen Janssen Wäcken wird hiermit vom 1. April 1905 ab unter Vorbehalt einer dreimonatigen Kündigung als

----------- Landbriefträger -----------

etatsmäßig angestellt.

Es wird erwartet, daß derselbe Seiner Majestät dem Könige und Allerhöchst dero Königlichem Hause ferner treu und gehorsam sein, die ihm obliegenden Amtspflichten gewissenhaft erfüllen, und sich stets so betragen werde, wie es sich für einen Königlichen Beamten geziemt.

Oldenburg (Grhzgth.), 3. März 1905

Kaiserliche Oberpostdirektion

Die Bestallungsurkunde wird im Namen des Königs ausgestellt, und auf den König und dero Königlichem Hause wird Jürgen verpflichtet. Unterzeichnet ist die Urkunde jedoch von der Kaiserlichen Oberpostdirektion. Seit 1871 sind die preußischen Könige auch Kaiser von Deutschland wie wir wissen. Und Jürgen tut Dienst in der Kaiserlichen Postanstalt auf Juist. Da fragt sich der Nachgeborene, warum die Urkunde nicht auch im Namen des Kaisers ausgestellt ist. Wir sind inzwischen zu weit weg von der monarchischen Welt, um solche Feinheiten zu verstehen.

Nach allem was ich den alten Unterlagen entnehmen kann war Jürgen schon länger als Landbriefträger beschäftigt. Aus der Nebenbeschäftigung ist im Laufe der 1890er Jahre in mehreren Schritten eine Daueranstellung geworden. Die starke Zunahme des Fremdenverkehrs und auch der Zuzug von Festländern zur Insel haben den Postverkehr stark wachsen lassen. Im Sommer kommen mehrere Aushilfen vom Festland zur Unterstützung. Und da im kaiserlichen Deutschland alles seine Ordnung haben muss, wird auf Juist eine kaiserliche Postanstalt geschaffen. Irgendwann fällt irgendwem bei der kaiserlichen Post auf, dass Jürgen keine ordnungsgemäße Bestallung hat. Nun, könnte man sagen, das wird auch Zeit. Immerhin ist Jürgen inzwischen im 61sten Lebensjahr. Und kaiserlicher Beamter wird er auch noch. Die kaiserlich blaue Uniform trägt er schon seit Jahren. Ob Adriana ein wenig stolz auf ihren Jürgen gewesen ist? Froh wird sie vor allem gewesen sein. Die Seefahrt und damit lange Abwesenheit von seinem Zuhause waren Geschichte.

Im Sommer 1907 erschüttert ein tragischer Todesfall Insulaner und Gäste. In einem vom Gemeindevorsteher Droste verfassten Nachruf heißt es:

Am 14. d. Mts. mittags starb bei Rettung eines in Lebensgefahr geratenen Knaben in treuer Ausübung seiner Pflicht der als Sicherheitswärter im Herrenbade angestellte Herr Peter Wessels ....

Die See, die unentwegt gegen die Insel anrollende See hat sich wieder einen Menschen geholt. In der Bäder-Zeitung „Seehund" erscheint am 18. Juli 1907 mit dem Hinweis *verspätet* eine Danksagung.

Für die vielen Kranzspenden und herzliche Teilnahme beim Hinscheiden meines lieben Mannes sage ich hierdurch allen meinen innigsten Dank. Frau A. Wessels, geb. Carstens.

Peter Wessels und seine Frau Anele sind jung verheiratet. Beide stammen vom ostfriesischen Festland. Anele ist mit ihrem ersten Kind schwanger. Sie, gelernte Köchin, hat ihren Mann im Hotelbetrieb auf der Insel kennengelernt. Im Frühsommer 1907 haben sie die Gaststätte *Zur freien Aussicht* im Loog gepachtet. Sie schätzen die positive

Entwicklung des Fremdenverkehrs richtig ein und wollen sich auf Juist eine Existenz aufbauen. Er arbeitet im Saisonbetrieb nebenbei als Sicherheitswärter am Strand. Ein kleines Zusatzeinkommen, das den Start in die Selbständigkeit erleichtert. Nun, nur wenige Wochen nachdem sie ihr Unternehmen begonnen haben, ist der Erfolg in Frage gestellt und die Zukunft der jungen Witwe mit dem noch ungeborenen Kind unsicher geworden. In der Geburtsurkunde Nr. 12 der Gemeinde Juist vom 22. August 1907 heißt es:

Vor dem unterzeichneten Standesbeamten erschien heute .... der Kaufmann Johann Carstens, wohnhaft in Emden .... und zeigte an, daß von der Anele Wessels geborene Carstens, Ehefrau des verstorbenen Gastwirts Peter Wessels .... wohnhaft in Juist in der Wohnung ihres verstorbenen Ehemannes am achtzehnten August vormittags um zehn ein halb Uhr ein Knabe geboren worden sei und dass das Kind die Vornamen Peter Luitjens erhalten habe. Der Anzeigende erklärte von der Geburt aus eigener Wissenschaft unterrichtet zu sein. ...

Der Standesbeamte; Droste

Auf Juist gibt es inzwischen nicht nur eine Kaiserliche Postanstalt, sondern auch eine Gemeindeverwaltung. Major a.D. Hugo Droste ist Gemeindevorsteher und Standesbeamter in Personalunion und auch das, was heute ein Kurdirektor ist. Nun sitzt ihm Johann Carstens gegenüber, der älteste Bruder Aneles. Sie werden sich noch eine Weile unterhalten haben über die besondere Tragik des Todesfalls. Ein Ertrinkender wird gerettet, der Retter verliert sein Leben und hinterlässt eine hochschwangere Frau. Wie wird es weitergehen, darüber werden die beiden Männer gesprochen haben. Wird die junge Frau, die nun für ein Kind zu sorgen hat, den gerade begonnenen Betrieb alleine weiterführen können? Weder sie noch ihr verstorbener Mann haben

Angehörige auf der Insel. Sie haben sich verschuldet. Anschaffungen waren erforderlich, um den Betrieb eröffnen zu können. Die auf Juist weilenden Gäste folgen einem Spendenaufruf. In den Hotels und Logierhäusern liegen Listen aus, in denen sich Gäste eintragen können. In der Bäderzeitung *Seehund* werden Namen und gespendete Beträge veröffentlicht. In einer Ausgabe heißt es:

Im Ganzen bis jetzt 2045,21 Mark. Außerdem von Herrn Hotelbesitzer M. Martini durch Schuldnachlass 600 Mark.

Herr Martini ist der Eigentümer der Gaststätte „Zur freien Aussicht". Ich vermute, er hat Anele den Pachtbetrag für eine bestimmte Zeit erlassen.

Weiterhin erfahre ich aus dem „Seehund" Folgendes:

Gleichzeitig bringen wir zur Kenntnis, dass seitens der Angehörigen des Geretteten in hochherzigster und opferwilligster Weise dafür Sorge getragen ist, dass die Hinterbliebenen des Verunglückten vor Not geschützt sind.
Wir nehmen daher Veranlassung ihnen dafür öffentlich zu danken.

Nach mir vorliegenden Informationen ist ein Sparbuch angelegt worden. Eine bestimmte Summe daraus soll Anele und Peters Sohn bei Volljährigkeit ausgezahlt werden. Vermutlich hat die Inflation Anfang der 1920er Jahre dieses Sparbuch wertlos gemacht. 1909 wird die Witwe Anele Wessels Schwiegertochter von Adriana und Jürgen. Sie heiratet deren jüngsten Sohn Benno Wäcken - und wird meine Juister Großmutter.

1910 beginnt auf der Seeseite der Insel unmittelbar vor dem Ort eine bedenkliche Entwicklung. Der Strand verliert an Breite. Dem Strand vorgelagerte Sandbänke verändern sich in Lage und Größe, große Sandmassen werden weggeschwemmt. Die äußeren Stranddünen werden bei Flut von der See angegriffen. Der Dünenfuß wird unterspült, die Statik der Dünen gerät aus der Balance, die äußere Dünenkante reißt ab, fällt auf den Strand und wird vom ablaufenden Wasser weggetragen. Es entsteht eine Steilküste. Um einen ungefährdeten Zugang zum Strand zu gewährleisten, wird am Kurhaus eine große Holztreppe errichtet. 1913 wird die Lage für die auf dem Dünenkamm liegenden Hotels bedrohlich. Man beschließt eine Stützmauer zu bauen. Auf der Mauer soll eine Promenade entstehen. Etwa im mittleren Bereich der Mauer, gegenüber dem Kurhaus, soll eine breite Freitreppe zum Strand führen. 1914, die Mauer ist fast fertiggestellt, wird die Arbeit durch den beginnenden Krieg unterbrochen. Überwiegend Frauen haben während der Kriegsjahre daran weiter gearbeitet. Als die Mauer 1920 endgültig fertiggestellt ist, beginnt die See wieder Sand anzulanden. Der Strand wird breiter, die Dünen wachsen wieder an, die Mauer versandet, und die Juister haben Mühe, die Promenade und die schöne breite Treppe vom Sand freizuhalten. Irgendwann haben sie das Schaufeln aufgegeben, haben eingesehen, den Kampf gegen die Natur nicht gewinnen zu können. Eine Million Goldmark soll die Mauer gekostet haben.

Im Juli 1912 wird Juist durch hohen Besuch geehrt. Der König von Sachsen mit Familie und Hofstaat steigt im Strandhotel Kurhaus ab. Die *Amtliche Liste der angekommenen Badegäste und Fremden* führt sie alle namentlich auf. Neben dem König seine drei Söhne und seine drei Töchter, sie alle sind als Prinzen und Prinzessinnen mit den Titeln Herzog beziehungsweise Herzogin von Sachsen in der Liste aufgeführt samt den größtenteils ebenfalls adeligen Personen des Hofstaats. Der König, so ist es überliefert, war sehr volkstümlich und daher beliebt bei seinem Volk. Er sächselte hemmungslos, aber der ihm nach seiner Abdankung 1918 zugesprochene Satz „Dann macht doch Eiern Dreck alleene" ist nicht verbürgt, passt aber sehr gut zu ihm.

Auffällig war für mich, in der Gästeliste nicht die Königin aufgeführt zu finden. Durch kurze Recherche fand ich heraus, dass die Frau des Königs, Luisa von Österreich-Toskana, 1903 mit dem Hauslehrer der Kinder durchgebrannt war. Auch wenn es schon einige Jahre zurücklag, wird das doch sicher unter den anwesenden Gästen auf Juist ein Thema gewesen sein, na und die Juister werden es irgendwann auch gewusst und kommentiert haben. Für Juist, das ist sicher, war dieser hochherrschaftliche Besuch nicht nur das Ereignis der Saison 1912, sondern auch eine Möglichkeit, sich zukünftig als Adresse für die feine Gesellschaft zu präsentieren. Wo der Hochadel absteigt, muss der Geldadel nicht fernbleiben, und für die bürgerliche Mittelschicht, die Juist ohnehin schon entdeckt hatte, war der königliche Besuch die Bestätigung für die eigene richtige Entscheidung, hier Urlaub zu machen. Das würde man auch den Freunden und Bekannten empfehlen, die bisher noch zögerten. Juist würde sich auch zukünftig positiv weiterentwickeln, davon war man überzeugt.

Ob Adriana und Jürgen diese Einschätzung einer weiteren positiven Entwicklung ihrer Insel teilten, kann ich nur vermuten. Jedenfalls tragen sie sich mit Bauabsichten. Wie ein vom Landratsamt Norden mit Datum 5. März 1913 ausgestellter Bauschein belegt, ... *wird dem Jürgen Wäcken zum Neubau eines Wohnhauses auf dem in der Gemarkung Juist belegenen Grundstück, wie die hier angeschlossene, genehmigte Zeichnung näher angibt, die polizeiliche Erlaubnis zu untenstehenden Bedingungen erteilt...* Es folgen viele Vorschriften, die, wenn auch schon in weiterentwickelter Form, heute noch jedem Bauherrn bekannt sind. Ich bin überrascht, kann kaum glauben, dass Jürgen mit inzwischen fast 70 Jahren einen Neubau errichten will. Die Realisierung scheint sich verzögert zu haben. Ein im Wortlaut fast identischer Bauschein mit Datum vom 1. Juli 1914 erteilt ein weiteres Mal die Bauerlaubnis. Dazu gibt es auch einen *Kostenanschlag über den Bau eines Wohngebäudes für Herrn Jürn Wäcken zu Juist.* Während das behördliche Dokument fast vollständig als Vordruck mit ergänzenden, mit Schreibmaschine beschriebenen Seiten vorliegt, ist der vom Bauunternehmer erstellte *Kostenanschlag* auf 11 Seiten in akkurater Handschrift verfasst. Unter *Summa* wird der Preis mit 8820,19 Mark angegeben. Einen Monat später beginnt der erste Weltkrieg. Damit erklärt sich, warum dieses Projekt nicht realisiert wurde. Was sich mir nicht erklärt, ist ein zeitgleich laufender Vorgang. Jürgen und Adrianas Sohn Benno will ebenfalls bauen. Mit Schreiben vom 16. September 1913 teilt die Landesversicherungsanstalt Hannover dem Tischler Herrn Benno Wäcken die grundsätzliche Bereitschaft mit, ein Darlehen für den Bau eines Arbeiterwohnhauses zu gewähren. Benno muss im nächsten Schritt konkrete Bauunterlagen eingereicht haben. Dazu passt ein von seinem früheren Lehrherrn, dem Bauunternehmer J. Abheiden, mit Datum vom 9. November 1913 erstelltes Schreiben. Darin heißt es:

Angebot

Unterzeichneter erklärt sich hierdurch bereit den Neubau des Herrn Benno Wäcken nach Zeichnung für den Preis von 8800 Mark zu übernehmen.

Das Schreiben trägt einen Eingangsstempel der L.V. Hannover vom 11. Nov. 1913. Die Preisangabe stammt aus dem für Bennos Vater Jürgen erstellten Kostenanschlag. Ich komme zu dem Schluss, dass es sich bei diesen beiden Bauvorhaben um ein und dasselbe Projekt handelt. Warum es einmal auf den Namen von Jürgen, ein anderes Mal auf Bennos Namen läuft, erschließt sich mir nicht. Das Vorhaben gerät ins Stocken. Am 29. November 1913 teilt die L.V. Hannover Benno mit:

Nach den Gutachten unserer bautechnischen Sachverständigen, die auch durch eine Auskunft des dortigen Gemeindevorstehers bestätigt wird, handelt es sich bei Ihrem Neubau in der Hauptsache um ein Logierhaus und nicht um ein Arbeiterwohnhaus. Wir müssen deshalb die Beleihung ablehnen.

Benno muss einen weiteren Versuch unternommen haben mit Hinweis auf die in der Vergangenheit bereits erfolgte Beleihung solcher Häuser, denn mit Schreiben vom 7. Januar 1914 teilt ihm die L.V. Hannover in knapper Form mit:

.... Wenn in früheren Fällen eine Beleihung solcher Häuser durch uns vorgenommen ist, liegt das daran, dass die Verhältnisse uns damals nicht ganz bekannt waren.

Nun denn! Wir dürfen bezweifeln, dass auf Juist jemals ein Arbeiterwohnhaus gebaut worden ist. Spätestens ab den 1890er Jahren wurden dort nur noch Häuser gebaut, die für den Gelderwerb im Fremdenverkehr geeignet waren. Bennos ältere Geschwister hatten es ihm vorgemacht. Ihre um die Jahrhundertwende erbauten Häuser zeugen von der damals vorherrschenden Aufbruchsstimmung. Sie sind auch heute, über einhundert Jahre später, noch Teil der Inselarchitektur.

Es muss Überlegungen gegeben haben, das nun von der L.V. Hannover ausgebremste Bauprojekt doch noch zu realisieren. Davon zeugt der bereits erwähnte Bauschein vom 1. Juli 1914. Genehmigt zur Ausführung. Doch wie wir wissen, begann einen Monat später der erste Weltkrieg. Es wird mobilgemacht. Der auf Juist weilende Kriegsminister Generalleutnant von Falkenhayn verlässt hastig die Insel und mit ihm fast alle Gäste. Gemeinsam mit anderen Wehrpflichtigen reist auch Benno ab und zieht in den Krieg. In seinem Militärpass sind alle Schlachten in Belgien, Frankreich und Russland vermerkt, an denen er die Ehre hatte, im Namen des Kaisers teilzunehmen. Er hatte Glück, überlebte diese Schlachten, hatte doppeltes Glück, weil er in einer dieser Schlachten 1915 in Russland schwer verwundet wurde: sein Heimatschuss. Ein Granatsplitter zerfetzte die Muskulatur seines linken Unterschenkels. Die Feldchirurgen nähten das was übrig blieb zusammen. Schön sah es nicht aus. Ich habe es gesehen, wenn er sich die Füße wusch und die Hosenbeine hochgekrempelt hatte; aber es genügte zum Weiterleben. Benno ist nicht mehr kriegsdienstverwendungsfähig. Er arbeitet weiterhin für Kaiser und Reich in der Materialausgabe der Marinewerft in Wilhelmshaven. Ein am 1.9.1918 auf seinen Namen ausgestelltes Besitzzeugnis bescheinigt ihm:

Im Namen seiner Majestät des Kaisers und Königs ist dem Musk. Benno Wäcken .... für einmalige Verwundung das schwarze Abzeichen für Verwundete verliehen worden.
Königliches Bezirkskommando I

Eine bereits im Frankreichfeldzug erhaltene Verwundung am Rücken, ebenfalls durch Granatsplitter, wird offensichtlich nicht mitgezählt. Im Jahr 1934 wird sein Einsatz für Kaiser und Reich noch einmal geehrt. Ein Dokument besagt:

Im Namen des Führers und Reichskanzlers
Dem Zimmerer Benno Wäcken in Juist ist auf Grund der Verordnung vom 13. Juli 1934 zur Erinnerung an den Weltkrieg 1914/1918 das vom Reichspräsidenten Generalfeldmarschall von Hindenburg gestiftete Ehrenkreuz für Frontkämpfer verliehen worden.
Norden, den 20. Dezember 1934
Der Landrat

Ich kann mir vorstellen, eine deutliche Erhöhung der Kriegsbeschädigten-Rente wäre ein willkommeneres Weihnachtgeschenk gewesen.

Während des Krieges erhalten Adriana und Jürgen Post aus Berlin, adressiert an den *Kirchenvorsteher Herrn Jürgen Jansen Wäken.*

Berlin, 29. November 1915

Seine Majestät der Kaiser und König

haben vernommen, daß Sie und Ihre Ehefrau nach 50jähriger Ehe am 17. Dezember d. J. die goldene Hochzeit feiern werden. Zu diesem Familienfest lassen seine Majestät dem Jubelpaare die besten Glückwünsche aussprechen und verleihen Ihnen die beifolgende
-Ehejubiläums Medaille-
mit dem Wunsche, daß es Ihnen und Ihrer Gattin durch Gottes Gnade vergönnt sein möge, in treuer Gemeinschaft mit einander sich noch recht lange eines recht glücklichen und zufriedenen Lebensabends zu erfreuen.

Der Geheime Kabinetts-Rat

In Vertretung

Beigefügt, in edler Schatulle, eine schwere Medaille in Vollsilber mit dem Portrait des Kaiserpaares.

Noch fünf gemeinsame Jahre sind den beiden vergönnt. Adriana stirbt im 81sten Lebensjahr am 21.12.1920. Ein ereignisreiches Leben endet. Vier entbehrungsreiche Kriegsjahre und zwei kaum bessere Friedensjahre prägen ihr letztes Lebensjahrzehnt, nehmen ihr die Lebenskraft. Jürgen überlebt sie um 12 Jahre.

Adriana und Jürgen, meine Juister Urgroßeltern, waren Zeitzeugen der Entwicklung eines unscheinbaren Inseldorfes zu einem angesagten Nordseebad. In ihrer Kindheit in den 1840er und 50er Jahren war ihre Welt geprägt von See und Strand, von Dünen und einer Handvoll in den Sand gebauten kleinen Häusern, mit Brunnen, aus denen man das benötigte Wasser schöpfte. Das war ihre Welt. Es gab keine Straßen, weder Telegrafie noch Telefonie und es gab nicht einmal einen Schiffsanleger. Als ihr Leben endete, prangte auf hoher Düne das Kurhaus, auch das weiße Schloss am Meer genannt, und Könige und Fürsten kamen als Gäste. Ein unglaublicher Entwicklungssprung während eines Lebens.

Mit *Lebenslinien* und den davor erzählten Geschichten habe ich versucht, das Leben meiner Juister Urgroßeltern nachzuvollziehen und aufzuzeigen, wie sich das Leben auf der Insel während ihrer Lebenszeit veränderte. Dieser Zeitabschnitt endete in den ersten Nachkriegsjahren des 1. Weltkriegs.

Ich, der Urenkel, mache nun einen Zeitsprung und setze meine Geschichten über Juist mit einem Blick auf das Ende des 2. Weltkrieges und auf die schwierigen Nachkriegsjahre fort. In größeren Zeitsprüngen, der Enkel ist erwachsener geworden, hat die Insel verlassen und kehrt nur während seines Urlaubs zurück, versuche ich aufzuzeigen, wie ich als älter werdender „Buten-Juister" meine Heimatinsel wahrnehme.

Buten-Juister nennen wir die Personen, die ihre Heimatinsel verlassen haben, also „buten" (draußen) leben.

Kindheitserinnerungen

-1945-

Der helle Fleck an der Wand markiert das Ende des 2.Weltkriegs. Er markiert vor allem das Ende der Nazi-Herrschaft, denn dort hing etwa 12 Jahre lang, das Bild von „Adolf dem Prächtigen" oder Onkel Führer, wie ich gelernt hatte ihn zu nennen. Er hing, bzw. sein Foto, in der Wohnküche, nicht in der guten Stube, wo er bei seinen glühenden Anhängern seinen Ehrenplatz hatte. Irgendwann, als ich anfing die Welt zu entdecken, werde ich die Frage gestellt haben, wer dieser Mensch ist, dessen Bild in allen Häusern hing. Die Tatsache, dass meine Mutter, sie war es vermutlich, die meine Frage beantwortete, nicht „der Führer" gesagt hatte sondern Onkel Führer, ist für mich beruhigend. Zweifellos ohne besondere Absicht hatte sie ihn damit auf Normalmaß gebracht, ein Onkel eben, nichts Besonderes. Wie sehr dieser Onkel die Welt durcheinandergebracht hatte, würde ich erst später lernen. Und auch erst einige Jahre später ist mir bewusst geworden, wie glücklich ich mich schätzen durfte, während des Krieges auf der Insel gelebt zu haben. Doch zunächst möchte ich noch einen Blick auf die letzten beiden Kriegsjahre werfen.

KRIEGSALLTAG

Wir sind sehr gut davongekommen verglichen mit den Menschen in den deutschen Großstädten, die Ziele der Bombenangriffe waren. Sicher, bombardiert wurden wir auch, auf dem Heimflug der großen Bomberflotten, wenn sie ihr Zerstörungswerk in den großen Hafenstädten an Nord- und Ostsee vollbracht hatten. Das, was sie im Zielgebiet nicht losgeworden waren, warfen sie über der Küste und den Inseln ab. Die Briten flogen ihre großen Angriffe mit vielen Maschinen immer nachts. Bei Fliegeralarm aus dem Bett gerissen zu werden gehört daher zu meinen frühesten Kindheitserinnerungen. Anfangs suchten wir Schutz im Keller des nahen Wasserwerks hinter der Warmbadeanstalt. 1944 wurde dann am Dünenrand in unserer Nähe ein Luftschutzbunker gebaut. Nichts erinnert heute mehr an dieses Bauwerk. Sein Eingang liegt unter dem Vogt-Meine-Pad, das ist der Weg, der vom Lütje Teehuus zum Haus des Kurgastes führt. Mit meiner kleinen Kinderschippe hatte ich den französischen Kriegsgefangenen beim Abdecken der Betondecke mit Sand geholfen, so sah ich das jedenfalls. Der helle Sand war anschließend noch mit Strandhafer bepflanzt worden, so dass das Bauwerk aus der Luft nicht auszumachen war. Bis zum Kriegsende hatte ich noch Gelegenheit den Bunker zu nutzen. Davon wird noch die Rede sein.

Dass ich mich an die Schipperei mit den Gefangenen auch in späteren Jahren noch erinnerte, hatte seinen Grund möglicherweise in einer kleinen Begebenheit am Rande. Ein französischer Kriegsgefangener hielt mir in einer Arbeitspause ein Bonbon hin. Nur zögernd hatte ich eine Hand ausgestreckt, nachdem der Gefangene mich durch ermunternde Gesten zum Zugreifen aufgefordert hatte. Der deutsche Wachtposten hatte nicht eingegriffen, hatte den Vorgang wohl nicht bemerkt. In späteren Jahren hatte ich mich oft gefragt, wie der Franzose wohl zu dem Bonbon gekommen sei, in jener Zeit, in der die deutsche Zivilbevölkerung Süßigkeiten kaum noch kannte. Immerhin wusste ich was ein Bonbon ist. Das kleine Geschenk wanderte zunächst in meine Hosentasche. Ich wollte es unbedingt meiner Mutter zeigen, doch bevor sie endlich von der Arbeit kam, wurde das Bonbon noch einige Male hervorgeholt und betrachtet. Es gelang mir die Begehrlichkeit zu zügeln, und so konnte ich meiner Mutter schließlich mit einem triumphierend ausgestoßenen „Da!" das Bonbon präsentieren. „Wo hast du denn das her" fragte sie verwundert. Ich erzählte voller Stolz, wie ich zu der Süßigkeit gekommen war. „Du sollst dich doch nicht immer bei den Gefangenen herumtreiben" war ihre erste Reaktion, und dann entschied sie kategorisch, dass das Bonbon in den Müll kommt. Soweit reicht meine Erinnerung. Ob ich enttäuscht war, eventuell heftig protestierte, nichts davon ist in meinem Gedächtnis hängen geblieben. Es mag schon Anfang der fünfziger Jahre gewesen sein, als ich mich wieder an diese kleine Begebenheit erinnerte. Im Kreis der Familie wurde über Erlebnisse während der Kriegsjahre gesprochen, und es waren erstaunlicherweise vor allem heitere Geschehnisse, die zur Sprache kamen, kleine Anekdoten, die Besonderheiten des Kriegsalltags beleuchteten. „Warum hast du eigentlich damals das Bonbon weggeworfen" fragte ich meine Mutter, als ich die Geschichte von dem Bunker erzählt hatte. Sie konnte sich auch noch gut an den Vorfall erinnern, so unbedeutend er im Grunde doch war. Sie hatte sich damals gefragt, ob es richtig sei, mir die kleine Leckerei vorzuenthalten. Es war wohl weniger die Tatsache, dass das Bonbon vom „Feind" stammte. Sie hatte spontan entschieden, ein momentaner Ekel vor dem Geschenk aus unbekannter Hand hatte sie veranlasst so zu handeln. „Ich glaube es gruselte mich" antwortete sie auf die Frage. „Die Vorstellung, dass du etwas in den Mund steckst, was ein fremder Mensch vielleicht schon monatelang in seiner Hosentasche mit sich führte, erschreckte mich." Sie hatte damals mit niemandem über den Vorfall gesprochen, aber er beschäftigte sie noch eine Weile. Ein feindlicher Soldat hatte ihrem Jungen etwas geschenkt. Was mochte ihn dazu bewogen haben? Die auf ihrer Insel gefangen gehaltenen fremden Soldaten hatten auch ein Leben jenseits des Krieges, hatten Familien zu denen sie gehörten. Natürlich wusste sie das, aber es war ihr im Kriegsalltag nie bewusst gewesen. Sie hatte nie Gelegenheit gehabt, ins Ausland zu reisen oder Ausländer kennen zu lernen. Es gab in ihrem Leben keine Erlebnisse oder Erfahrungen, die sie der nationalsozialistischen Kriegspropaganda hätte entgegensetzen können. Frankreich war Deutschlands Erbfeind, so hatte sie es bereits in ihrer Kindheit während des ersten Weltkrieges gelernt. Der

Vater war damals im zweiten Kriegsjahr zunächst in Frankreich, später in Russland schwer verwundet worden, was ihm möglicherweise das Leben rettete. Für ihn war der Krieg vorbei. Es folgten die Hungerjahre, die Besetzung des Rheinlands durch die Franzosen, die wirtschaftlichen Auswirkungen des Versailler Vertrags, maßgeblich von französischer Seite beeinflusst. Das hatte Spuren im Denken der Menschen hinterlassen.

Bereits wenige Tage nach der Fertigstellung des Bunkers waren wir bereits gezwungen, ihn zu nutzen. Den Beginn des Fliegeralarms hatte ich gar nicht gehört, so fest schlief ich, als meine Mutter mich weckte. Sie half mir hastig beim Anziehen, während das bedrohlich an- und abschwellende Sirenengeheul zum Verlassen des Hauses mahnte. Dieser schauerlich klingende Ton verursachte mir selbst nach Jahrzehnten noch Unbehagen. Der Alarm war spät ausgelöst worden. Mutter half mir in den Mantel, warf sich selbst einen Mantel über, griff nach der immer bereitstehenden Tasche mit dem Lebensnotwendigsten, schob mich zur Haustür raus, griff mit der anderen den ebenfalls bereitstehenden Eimer mit Löschwasser und verließ das Haus. „Lauf, wir müssen uns beeilen!" rief sie mir zu, als ich wie angewurzelt stehen geblieben war. Staunend betrachtete ich die langsam den Himmel nach feindlichen Flugzeugen absuchenden Strahlen der Flak-Scheinwerfer. Wir hatten kaum die Hälfte des Weges zurückgelegt, als die ersten Salven der 8,8 Zentimeter Fliegerabwehrgeschütze zu hören waren. „Das war die große Flak!" rief ich. Im fünften Kriegsjahr kannte ich, wie fast alle Kinder meines Alters, keine andere Welt als die des Militärs und des zugehörigen Kriegsgeräts. Gleich darauf blieb ich wieder stehen. Die „kleine Flak" hatte zu feuern begonnen und zeichnete mit ihrer Leuchtspurmunition ballistische Kurven in den Nachthimmel, die sich mit den Strahlen der Suchscheinwerfer kreuzten. Ein faszinierendes Schauspiel. „Mach, dass du in den

Bunker kommst!" schrie meine Mutter, und zu einer neben ihr hasten-
den Nachbarin mit ihren drei Kinder gewandt rief sie: „Wie kann man
nur so spät Alarm auslösen, die haben wohl geschlafen." Bedrohlicher
noch als der an- und abschwellende Ton der Sirene war das tiefe
Brummen der anrückenden Bomberflotte; man hörte es in den kurzen
Momenten, während die Flak nicht feuerte. Es war unheimlich, Angst
einflößend. Nie wieder hörte ich in späteren Jahren ein vergleichbares
Geräusch, aber ich wurde noch jahrelang dran erinnert, wenn ein ein-
zelnes großes Flugzeug mit Propellerantrieb unsere Insel überquerte.

Ich war mächtig stolz auf „meinen Bunker" und hätte am liebsten
von meinem Arbeitseinsatz erzählt. Doch bereits wenige Minuten,
nachdem wir auf den schmalen Bänken an den Bunkerwänden Platz
genommen hatten, war eine erste Explosion zu hören und der Bunker
antwortete mit leichten Schwingungen. Die Gespräche verstummten.
Es blieb still, bis mehrere Explosionen in kurzer Folge zu vernehmen
waren. „Das war weiter weg" sagte jemand, „vielleicht war das schon
alles." Aber die Hoffnung wurde enttäuscht. Mehrere heftige Detona-
tionen erschütterten den Bunker. Kinder schrien angstvoll auf, das
Licht flackerte, ging kurz aus, und als das fahle Licht den Raum wieder
erhellte, sah man feinen Betonstaub von der Decke rieseln. Ich hatte
mich eng an meine Mutter gedrückt, die schützend den Arm um mich
gelegt hatte. In der einsetzenden Stille vernahm man ein paar Mal das
Hämmern der Flak, gefolgt von einigen nun schon sehr entfernt klin-
genden dumpfen Explosionen. Dann blieb es ruhig. Etwa eine halbe
Stunde, nachdem wir den Bunker betreten hatten, kam die Entwarnung. „Nichts passiert" sagte der Luftschutzwart, als wir ins Freie
strömten, „ist alles danebengegangen." Meine Heimat war diesmal
verschont geblieben. Bei früheren Fliegerangriffen war es nicht so
glimpflich abgegangen, jedoch blieben unserem kleinen Ort Zerstörungen größeren Ausmaßes erspart. Die schmale langgestreckte Insel war kein direktes Angriffsziel und wegen ihrer geringen Breite

schwer zu treffen. Gleichwohl rollten etliche Angriffswellen über sie hinweg. Selbst Tieffliegerangriffe bei Tag erlebten wir bereits in den ersten Kriegsjahren. Frau Therese Kleen, mit ihrem Kind auf dem Arm, versuchte den Luftschutzkeller zu erreichen und wurde dabei getroffen. Sie starb an ihren Verletzungen. Das Kind blieb unverletzt, wurde ein Klassenkamerad von mir. In der von Herrn Pastor Schmalz gewissenhaft geführten ev. Kirchenchronik sind alle Angriffe und deren Folgen aufgeführt. Mein früherer Lehrer, Herr Troltenier, hat einen Auszug in seinem Buch „Juist, gestern und heute" veröffentlicht.

Eines Tages, es war der Ostersonntag 1944, passierte etwas, das ich auch nicht wieder vergessen sollte. Am Samstagnachmittag waren meine Mutter und ich zur Tante gelaufen, die ein Haus in der etwa zwei Kilometer entfernten Siedlung bewohnte. Nicht schnell genug hatte ich hinkommen können, denn Vettern und Cousinen warteten auf mich. Während die Schwägerinnen es sich bei Malzkaffee und einem Stück Rodonkuchen gemütlich machten, durften wir Kinder uns austoben. Und das Beste: wir übernachteten dort auch. Welch herrliche Abwechslung! Es war schon fast 21 Uhr, als unsere Mütter energisch zur Ruhe mahnten. Am Sonntagmorgen schien die Sonne. Wir frühstückten gemeinsam, und zumindest an Eiern war kein Mangel. Die eigene Hühnerschar war fleißig gewesen und jedes Kind hatte sogar zwei bunte Eier bekommen. Die mussten, wie es Brauch war, zunächst gesucht werden, was wir mit Feuereifer taten.

Es war später Vormittag, als Mutter und ich uns auf den Heimweg machten. Als wir noch etwa 50 Meter von unserem Haus entfernt waren, machte ich eine seltsame Entdeckung. „Da liegen Steine vor unserem Haus" rief ich. Ungläubig schaute Mutter zu dem nicht mehr fernen Gebäude. „Tatsächlich" sagte sie überrascht, „aber das kann doch gar nicht angehen." Mutter war jetzt sehr beunruhigt, beim Näherkommen jedoch steigerte sich die Unruhe zu blankem Entsetzen.

Die Nordostecke des Hauses war komplett eingestürzt, die nördliche Außenwand des Ostflügels stand nur noch zur Hälfte, Dachziegel, Steine, zerborstenes Holz und Glasscherben lagen in der Waschküche, die sich hinter der Mauer befand, und teilweise auf der Straße. Mutter stand wie erstarrt vor den Trümmern, so hat sie es später noch häufig erzählt. Wie oft hatte sie sich im Luftschutzbunker vorzustellen versucht, was sie tun würde, falls wir nach einem Fliegerangriff das Haus zerstört oder beschädigt vorfinden sollten. Sie hatte einsehen müssen, für so einen Fall keinen konkreten Plan haben zu können. Jetzt, wo sie sich mit dieser Situation konfrontiert sah, kreisten ihre Gedanken zunächst nur um die Frage, wie das hatte geschehen können. Es hatte keinen Luftangriff gegeben, wieso konnte das Haus so stark beschädigt worden sein? „Und was machen wir jetzt", fragte ich, während ich nach der Hand meiner Mutter griff. Die Antwort wurde ihr abgenommen. Der alte Nachbar und seine Frau hatten uns entdeckt und kamen nun eilig angelaufen. Ein Militär-LKW sei in der Nacht gegen die Hauswand gefahren, berichtete der alte Herr, und seine Frau fügte rasch hinzu, dass sie zu Tode erschrocken gewesen seien bei dem Krach, der sie aus dem Schlaf gerissen hatte. Nur schemenhaft habe er zunächst erkennen können, was in der mondlosen Nacht passiert sei, fuhr der Nachbar fort. Dann habe er sich schnell angezogen und sei vor die Haustür getreten. Er habe jemanden rufen hören und schließlich sei ein Wehrmachtssoldat mit Taschenlampe aus dem beschädigten Haus getreten. Es war der Fahrer des LKWs, der nach den Bewohnern des Hauses gerufen hatte, aber ohne Antwort geblieben war. Der Nachbar wusste, dass die Großeltern Verwandte auf dem Festland besuchten und Mutter und ich über Nacht bei den Verwandten in der Siedlung waren. Er bestätigte, dass keiner im Haus sei. „Er war sehr kleinlaut", berichtete der alte Herr „aber auch erleichtert, dass sich gerade niemand im Haus aufhielt. Eine Alkoholfahne hatte der, die konnte ich auf einen Meter Entfernung riechen. Na, er wird wohl bald auftauchen und sich entschuldigen." Mutter entgegnete auf die

Entschuldigung gut verzichten zu können. „Es muss doch etwas geschehen und zwar sofort. Jeder kann jetzt ins Haus laufen und hineinregnen kann es auch", rief sie aufgebracht. Nun war der Schaden, mit dem wir konfrontiert waren, geradezu lächerlich, verglichen mit den Problemen, vor denen inzwischen einige hunderttausend ausgebombte Mitbürger in deutschen Großstädten standen. Aber die Beurteilung eines Schadens durch den Betroffenen ist ein ausgesprochen subjektiver Akt. Und die Verletzung des Schutzbereiches, den ein Haus für seine Bewohner darstellt, wiegt im ersten Moment schwerer als andere materielle Schäden. Die schützende Hülle, unter der man sich geborgen fühlt, ist nicht mehr intakt. Hinzu kam, dass es im unmittelbaren Umfeld unseres Hauses aussah wie zu Friedenszeiten. Die Ruinen der wenigen Häuser auf der Insel, die von Bomben getroffen worden waren lagen nicht in Sichtweite.

Was in der Folge passierte, erinnere ich nicht, meine Mutter erzählte es in späteren Jahren jedoch noch mehrfach, so dass ich es schließlich behielt und wie viele andere erlebte Begebenheiten schon als Schüler notierte : Zwei Wehrmachtsangehörige tauchten auf, stellten sich vor und entschuldigten sich für den angerichteten Schaden und die dadurch entstehende Unbequemlichkeit. „Die Wehrmacht wird selbstverständlich für den Schaden aufkommen und umgehend die erforderlichen Reparaturmaßnahmen veranlassen" wurde meiner Mutter zugesagt. Noch am gleichen Tag wurden die Trümmer aufgeräumt, das beschädigte Dach vorsichtshalber abgestützt und die Mauerbresche mit einer Plane aus Segeltuch abgedeckt. In den Raum hineinregnen konnte es jedenfalls nicht, das war beruhigend. Mutter war froh, die Tür der Waschküche abschließen zu können, bildete diese doch nun die letzte feste Barriere nach außen. Eigentlich war es auf der Insel überflüssig, Haustüren abzuschließen. Man kannte weder Diebstahl nach Einbruch, und dennoch fühlte man sich geschützter, wenn nachts die Türen abgeschlossen waren.

Am Dienstagmorgen rückten die Handwerker an. „Wäre er etwas schneller gewesen und noch zwei Meter weiter ins Haus gefahren, dann hätte der Führer euch ein ganz neues Haus spendieren müssen", raunte der alte Maurer meiner Mutter zu und grinste, als er, unterstützt von zwei Wehrmachtssoldaten, mit der Beseitigung des Schadens beschäftigt war. Als meine Großeltern zwei Tage später vom Festland zurückkehrten, war auf den ersten Blick nur an der frisch verputzten Außenwand erkennbar, dass etwas geschehen war.

-Kindergarten-

Ich ging gerne in den Kindergarten. Es wurde gemalt, gebastelt und gesungen. Mein Lieblingslied war *Hört ihr die Motoren brummen ran an den Feind, Bomben auf En-ge-land*, dessen einfache Melodie sich leicht einprägte und uns Kindern besonderes Vergnügen bereitete, wenn wir dabei im Aufenthaltsraum den Takt mit den Händen auf den Tischen klopfen durften. Auch wenn wir gar nicht verstanden, was wir sangen, wir wurden bereits auf Krieg und Heldentum vorbereitet. Seit *Engeland* immer häufiger Bomben auf Deutschland warf, fanden die Betreuerinnen es wohl nicht mehr passend, das Lied anzustimmen, denn wir hatten es schon längere Zeit nicht mehr gesungen. Wie die meisten Kinder liebte auch ich es, mit anderen Kindern zu spielen, und die beiden jungen Frauen, Tante Ebbi und Tante Gisela, von denen meine Gruppe betreut wurde, mochte ich sehr und sie offenbar auch mich, denn sie waren immer nett zu mir gewesen. Das sollte sich jedoch ändern. Eines Tages, während wir Kinder draußen spielten, gab es Fliegeralarm. Alle Kinder rannten sofort zum Luftschutzkeller, so wie wir es oft geübt hatten. Nur ich fehlte. Ich kletterte gerade an einer Gebäudewand hoch, die vom Spielplatz aus nicht direkt eingesehen werden konnte. So war es den Betreuerinnen entgangen, dass dort etwas Ungehöriges vor sich ging. Die Hauswand, an der ich meine Kletterkünste und meinen Mut erprobte, kam diesem Vorhaben durch ihre Architektur sehr entgegen. In Abständen von etwa dreißig Zentimetern war jeweils eine Lage Klinkersteine wenige Zentimeter vorgezogen worden, wahrscheinlich, um die große Wandfläche etwas aufzulockern. Kinderfüße konnten auf diesem wie ein Sims wirkenden Vorsprung etwas Halt finden, und wenn man gleichzeitig mit den Händen die übernächste Reihe vorstehender Klinker erreichte, sich daran höher ziehen. Zwei Reihen hoch, das war die Marke, die einige von uns Jungens schafften, nachdem wir die Kletterwand entdeckt hatten. Danach sprangen wir wieder herunter. An jenem Tag hatte ich unter den anfeuernden Rufen zweier Kumpane erstmals versucht, auch die dritte Reihe zu erklimmen. Ich hatte es soeben geschafft, als der Alarm ertönte. Blitzschnell verschwanden die Kumpane. Ich machte den Fehler, nicht sofort herunter zu springen, sondern aus der für mich noch ungewohnten Höhe erst einmal nach unten zu schauen. Oh Schreck, war das hoch! Zum ersten Mal machte ich die Erfahrung, dass eine Distanz zum Boden von oben betrachtet wesentlich höher wirkt als von unten. Die dritte Reihe war mir gar nicht so hoch vorgekommen, als ich, noch auf dem Boden stehend, den Kletterversuch begonnen hatte.

Ich traute mich nicht zu springen. Krampfhaft hielt ich mich fest, begann zu schreien und wurde auch gehört. Tante Ebbi tauchte auf. Sie packte mich an der Taille, zog mich mit hochgereckten Armen von der Wand weg und ich landete leicht gebremst im Sand. Tante Ebbi riss mich wieder hoch, versäumte nicht, mir kurz aber heftig den Hintern zu versohlen und rannte dann mit mir zum Eingang des Luftschutzkellers, dessen Tür sofort von der dort wartenden Tante Gisela geschlossen und verriegelt wurde.

Als eine halbe Stunde später die Entwarnung kam, konnte ich mich nicht daran erinnern, ob ich die in den Kellern oder Bunkern bei Fliegerangriffen meistens hörbaren dumpfen Explosionen detonierender

Bomben gehört hatte. Zu sehr war ich damit beschäftigt mein schmachvoll endendes Abenteuer zu verarbeiten.

KRIEGSENDE

-Onkel Hans-

Der Fährbetrieb zwischen Insel und Festland wurde während der Kriegszeit aufrechterhalten. Selbst in den letzten drei Kriegsmonaten durfte man noch reisen, wenn auch mit Einschränkungen. Mutter und ich fuhren im Februar 1945 nach Wittmund. Der Mann von Mutters Schwester Agnes hatte wegen einer schweren Kriegsverletzung Sonderurlaub erhalten. Ein Halsdurchschuss hatte ihn beinahe das Leben gekostet. Geistesgegenwärtig hatte er sich die Ein- und Ausschussöffnungen mit den Fingern zugehalten, bis Sanitäter ihn versorgten. Wir fuhren auf einer Tagesfahrt hin, um ihn, das zweite Mal während der Kriegsjahre, wiederzusehen. Den etwa 3 Kilometer langen Weg vom Bahnhof in Wittmund zum Wohnort von Mutters Schwester und Schwager legten wir zu Fuß zurück. An Onkel Hans hatte ich keine Erinnerung, freute mich jedoch auf Vetter Johann, nur wenige Monate älter als ich. Wir hatten etwa die Hälfte des Weges zurückgelegt, als das Geräusch anfliegender Flugzeuge zu hören war. „Hinlegen!" schrie Mutter, und wir warfen uns in den Schnee am Wegrand. Mutter deckte mich mit ihrem Körper zu, mein Gesicht war in den Schnee gedrückt, so bliebe es mir im Gedächtnis. Wir hörten Maschinengewehrfeuer, hatten fürchterliche Angst, und nach wenigen Sekunden war bereits alles vorüber. Der Angriff hatte nicht uns gegolten, nicht einmal gesehen hatten wir die Maschinen. In unmittelbarer Nähe machten die englischen Piloten Jagd auf Menschen. Ob es Soldaten waren, unterwegs mit einem Militärfahrzeug, oder Zivilisten, da wurde schon länger nicht mehr unterschieden. Die Luftwaffe der Alliierten

hatte schon seit längerem die fast ungehinderte Lufthoheit. Die Front-
linie verlief bereits durch das südliche Ostfriesland, wie ich heute aus
zeitgenössischen Unterlagen weiß. Und wir fuhren auf einer Tagesfahrt durch den nördlichen Teil.

Onkel Hans erwartete uns bereits vor dem Haus. Er lief dort auf
und ab, wie wir aus einiger Entfernung erkennen konnten. Er trug Uniform und hatte einen weißen Verband um den Hals. Das blieb in meiner Erinnerung. Als wir uns nachmittags verabschiedeten, um nach
Norddeich zurück zu fahren, wussten wir nicht, dass es ein Abschied
für immer sein würde. Mit seiner schweren Kriegsverletzung hätte er
sich „nicht kriegsdienstverwendungsfähig" schreiben lassen können,
haben wir später gelernt. Er jedoch fühlte sich seinen Kameraden verpflichtet, glaubte sie nicht im Stich lassen zu dürfen, fuhr zurück in den
Frontabschnitt im Bereich der schlesisch/tschechischen Grenze, wo
seine Einheit vermutlich aufgerieben wurde. Als „vermisst" gemeldet,
wurde sein Schicksal nie aufgeklärt.

-Eintreffen von Flüchtlingen-

Im März 1945 erreichte ein größerer Flüchtlingstransport die Insel.
Die Verwaltung war kurzfristig von der Zuteilung informiert worden und
hatte in Eile einen Plan für die Unterbringung der überwiegend aus
Pommern stammenden Menschen erstellt.

In den nächsten Wochen und Monaten veränderte sich das Orts-
bild, wenn auch nur leicht. Die Insel war für den Zustrom der Flüchtlinge schlecht gerüstet. Es gab zwar genügend nicht bewohnte
Räume, denn in Friedenszeiten hatte man ja vom Tourismus gelebt,
aber die nun eintreffenden Menschen brauchten nicht nur Betten und
eine Waschgelegenheit. Man musste ihnen auch das Kochen ermöglichen und die Räume mussten beheizt werden können. In den dreißi-
ger Jahren des vorigen Jahrhunderts waren zentralgeheizte Räume

nicht der Standard, sondern die Ausnahme, auch in den Seebädern. Und so kam es, dass aus manchen Fenstern Ofenrohre ins Freie geführt wurden, um den Betrieb von Öfen zu ermöglichen. Mit dem Glasschneider wurde ein Stück Scheibe entfernt, das Rohr hindurchgeführt und der verbleibende Spalt zwischen Scheibe und Rohr provisorisch abgedichtet. Die Herstellung eines solchen Provisoriums war einfach, schwieriger gestaltete sich die Beschaffung des benötigten Materials. Im letzten Kriegsjahr war die Produktion nicht kriegswichtiger Güter auf das Notwendigste beschränkt. Was nicht auf Lager war, ließ sich praktisch nicht beschaffen. Improvisationskunst war gefragt und sollte in den Folgejahren überlebenswichtig werden. Genauso schwierig war die Beschaffung von Brennmaterial für die Öfen. Da es auf den Sommer zuging, entspannte sich zunächst die Situation. Zum Kochen langte es. Dass selbst das eines Tages kaum noch möglich sein würde, ahnte damals noch keiner.

Meine erste Begegnung mit einem Flüchtling geschah für mich überraschend. Die Großmutter hatte mir eine halbe Scheibe Schwarzbrot mit Leberwurst bestrichen, diese dann noch einmal in zwei Stücke geteilt und mir dann auf einem Frühstücksbrett hingestellt. „Ich esse es draußen", sagte ich zu meiner Oma, ließ mich durch ihren leichten Protest nicht aufhalten, nahm ein Stück in jede Hand, biss einmal ab, ganz wenig nur, um den Genuss des leckeren Wurstbrotes in die Länge zu ziehen, und lief auf die Straße. Ich hatte gerade das zweite Mal abgebissen als plötzlich ein größerer Junge auf mich zukam, den ich noch nie gesehen hatte. Er mochte etwa zwölf Jahre alt sein, er blieb vor mir stehen, schaute auf das Wurstbrot und bat: „Gib mir auch ein Stückchen." Ich war viel zu überrascht um etwas einzuwenden. Die Tatsache, dass ein Junge auftauchte, den ich nicht kannte, war schon erstaunlich genug, und die Bitte, ihm etwas abzugeben, überrumpelte mich vollends. Ich reichte dem Jungen das Stück, das ich in meiner linken Hand hielt. Der hielt sich nicht lange damit auf, steckte es komplett in den Mund und hatte es blitzschnell gekaut und heruntergeschluckt. Dann schaute er schweigend auf das angebissene Stück, das ich immer noch in meiner Rechten hielt. Ich verstand den Blick, dachte aber nicht daran, mich nun auch noch um den reichlich geschmälerten Rest meines Essvergnügens bringen zu lassen. Rasch schob ich den Happen in den Mund, hielt mich nur kurz mit dem Kauen auf und schluckte ohne zu zögern herunter.

-Hans-Georg-

In der vorletzten Aprilwoche 1945 geschah etwas, das meine kleine Welt durcheinander brachte. Ich hielt mich gerade bei meiner Oma in der Küche auf und lauschte einer der vielen Geschichten, die sie so spannend zu erzählen wusste, als ich von meinem Platz am Küchenfenster die Schwägerin des Großvaters vom Nachbarhaus über den Hof herüberkommen sah. „Tante Gesine kommt!" rief ich. Die alte Frau in ihrer typischen weit vornübergeneigten Haltung und dem grauen, streng in der Mitte gescheitelten Haar mit dem Knoten im Nacken wirkte fast noch krummer als sonst. Meine Großmutter unterbrach ihre Erzählung und schaute verwundert und leicht beunruhigt zu der sich in schleppendem Schritt nähernden Schwägerin. Es war ungewöhnlich, dass sie zur Mittagszeit herüberkam. Gesine trat durch die geöffnete Tür in die Küche und ließ sich langsam in den Korbsessel sinken, der direkt neben dem Eingang stand. Tränen liefen über ihr Gesicht. Ich fühlte mich sehr unbehaglich. Erstmals sah ich bewusst einen erwachsenen Menschen weinen. Ich spürte, etwas Außergewöhnliches musste passiert sein. Großmutter zog einen Stuhl heran und setzte sich zur Schwägerin, nahm deren Hände in ihre und wartete, bis sie sprechen konnte. „Hans-Georg ist gefallen!" brachte Gesine schließlich fast tonlos hervor. „Oh mein Gott, nein!" hörte ich meine Oma rufen und sah wie sie die Hände vors Gesicht schlug, und dann, nach einer Weile, hörte ich sie sagen: „Dieser verdammte un-selige Krieg, hat er denn nicht schon genug Opfer gefordert?" Auch die Großmutter weinte jetzt und mein Unbehagen wuchs. Ich hatte mich in den entferntesten Winkel der Küche zurückgezogen, machte mich ganz klein, schaute hilflos auf den Fußboden und wünschte, Mut-ter wäre jetzt hier. „Jetzt hat sie niemanden mehr", hörte ich Großmut-ter sagen. Hans-Georg war ein Enkel von Gesine, der jüngere der bei-den Söhne ihrer verwitweten Tochter Hermine. Hermine war gerade dreißig geworden, als ihr Mann 1927 starb und ein Jahr später hatte sie ihren Vater beerdigen müssen. Sie hatte sich entschlossen, mit den beiden Jungens wieder ins Elternhaus zu ziehen und ihrer Mutter bei der Bewirtschaftung ihres Pensionshauses zu helfen. Sie hatten ihr Auskommen und die Söhne wuchsen ohne besondere Probleme heran. Gerhard, der ältere, wurde gleich zu Beginn des Krieges ein-gezogen. Er war dreiundzwanzig, als er im November 1943 in Russ-land fiel. Hermine hatte inständig gehofft, dass der Krieg vorbei sein würde, bevor auch ihr jüngerer Sohn das wehrpflichtige Alter er-reichte. Aber Hitlers Kriegsmaschine hatte auch seinen Beitrag gefor-dert. Er war noch keine zwanzig, als er wenige Wochen vor Kriegs-ende beim Kampf um Berlin sein Leben lassen musste.

Großmutter begleitete die Schwägerin zu ihrem Haus. Ich fühlte mich allein gelassen, konnte das Geschehene nicht ganz einordnen. Hans-Georg ist gefallen, hatte die alte Tante gesagt. Das Wort „gefal-len" hatte ich schon häufiger gehört. Die Erwachsenen benutzten es, wenn vom Krieg gesprochen wurde, jemand tot war und nicht wieder-kam. Von denen, die nicht wiederkamen, kannte ich niemanden oder konnte mich nicht an sie erinnern. Hans-Georg dagegen kannte ich. Noch vor wenigen Monaten hatte ich ihn in Uniform gesehen, als der junge Soldat für wenige Tage auf Urlaub nach Haus gekommen war. Würde Hans-Georg nun nie wieder kommen?

Als die Großmutter zurückkam, schaute ich ihr scheu ins Gesicht. Ihre Augen waren immer noch feucht und ich wagte nicht, sie anzusprechen. Sie setzte sich, zog mich auf ihren Schoß und drückte mich fest an sich. Ich hörte sie leise schluchzen. Schließlich zog sie ein Taschentuch aus ihrer Schürze, danach war sie still. Ich wartete noch einen Moment, dann fragte ich leise: „Ist Hans-Georg tot?" Ich fühlte, wie Oma nickte, dann sagte sie: „Ja, er ist tot." Hans-Georg, das wusste ich jetzt, würde ich nicht wiedersehen, denn tot sein, das bedeutete nie mehr wiederkommen.

-Der Krieg ist aus-

Es geschah drei Wochen nach der Nachricht über den Tod von Hans-Georg, als ich morgens in die Küche kam und meine Mutter mit gesenktem Kopf am Tisch stehen sah. Sie bereitete das Frühstück zu. Auf mein „Guten Morgen" blieb sie die Antwort schuldig, dann, einen Moment später, sagte sie: „Der Krieg ist aus!" Ich fragte spontan: „Und wer hat gewonnen?" „Die Anderen!" war die kurze Antwort meiner Mutter. Dieser kurze Dialog in der Küche am Morgen des 8. Mai 1945 blieb mir über Jahrzehnte im Gedächtnis. So unspektakulär endete für mich der zweite Weltkrieg.

Mutter, wie viele Frauen während des Krieges dienstverpflichtet, war im Postdienst tätig und hatte schon früh die Briefkästen gelehrt. Als sie unterwegs den Hotelier Harm Peters traf, rief er ihr zu: „Frau Bitter, der Krieg ist aus!" „Ja, ich weiß, Gott sei Dank", antwortete Mutter. Darauf Herr Peters: „Aber wir haben verloren." „Das ist mir egal, die Hauptsache, sie werfen uns keine Bomben mehr auf den Kopf", war Mutters unpatriotische Antwort. Auch diese Begebenheit wurde in den Nachkriegsjahren gelegentlich erzählt.

Ein paar Tage später wurden wir sehr früh aus dem Schlaf gerissen. Es hatte sich angehört, als ob heftig gegen die Haustür geschlagen wurde. Mutter zog schnell ihren Morgenmantel über und lief durch den Korridor zur Haustür, ich hinter ihr her. Als sie die Tür aufgeschlossen und geöffnet hatte, erstarrte sie. Auf der Straße standen zwei englische Soldaten mit Karabinern im Anschlag. Ich verkroch mich hinter Mutter. Die erste Begegnung mit dem Feind blieb mir jahrelang im Gedächtnis. Es waren weniger die drohend auf uns gerichteten Gewehre, die mir in jenem Augenblick Angst machten, sondern die fremden Uniformen und die eigenartigen Stahlhelme der *Tommys*, wie die Engländer damals volkstümlich genannt wurden. Etwas Bedrohliches, zutiefst Unheimliches ging von diesen Menschen aus, die in unsere bis dahin zumindest oberflächlich heile Welt einbrachen. „Passport, Passport!" rief einer der beiden und machte auffordernde Handbewegungen. „Unsere Ausweise, schnell!" rief die Großmutter, die inzwischen zusammen mit dem Großvater in die Diele getreten war. Opa hastete ins Wohnzimmer, nahm die Ausweise aus der Kommode, lief dann zur Haustür und reichte sie stumm dem weiter vorne stehenden Soldaten. Der schaute zunächst noch einmal misstrauisch in den langen Flur, bevor er den Karabiner unter den rechten Arm nahm und dann eine Hand nach den Ausweisen ausstreckte. Er schaute nur kurz auf die Papiere, blickte dann wieder auf die stumme Familie vor ihm, gab die Ausweise zurück und fragte dann: „You are four?" wobei er mit einer Hand vier Finger hochhielt. „Ja, vier Leute", antwortete der Großvater, der die Geste richtig deutete, und zeigte auf sich und die anderen drei und zur Bestätigung hielt auch er vier Finger hoch und nickte heftig. Der Engländer sagte okay, nickte kurz mit dem Kopf, und dann gingen er und sein Kamerad schräg über die Straße zum Nachbarhaus.

Kurze Zeit nach diesem Ereignis gab es einen ersten Erlass des Militärkommandanten. An jedem Haus, an der Haustür oder an einem

Fenster mussten gut sichtbar die Namen der Bewohner aufgeführt werden. Die Besatzungsmacht hatte das Kommando übernommen.

Bereits drei Tage nach der bedingungslosen Kapitulation wurden im Ort die nationalsozialistischen Straßenschilder abgenommen und die alten wieder angebracht. Man hatte sie aufbewahrt, wohl ohne Wissen der örtlichen Parteileitung. Es gab demnach Leute auf der Insel, die an der Dauer des auf tausend Jahre angesetzten dritten Reichs von Anfang an gezweifelt hatten. Das Foto des Führers, das in keinem Haushalt fehlen durfte, verschwand nicht nur aus unserer Wohnküche. In ganz Deutschland dürfte es nach Kriegsende die hellen Flecken an den Wänden gegeben haben, dort, wo bis dahin die Führerbilder hingen.

NACHKRIEGSZEIT

-Entnazifizierung-

Eine der ersten Maßnahmen der Besatzer bestand darin, die Zivilbevölkerung zu entwaffnen. Alle Bürger wurden aufgefordert, sofort Schuss-, Hieb- und Stichwaffen abzuliefern. Auch Fotoapparate mussten abgegeben werden. Konnte man den Sinn der ersten Maßnahme noch verstehen, so war für die Insulaner schwer nachvollziehbar, warum man auch das Fotografieren verbot. Man konnte ohnehin kaum einen Film bekommen. „Die haben wohl Angst vor Spionage" meinte der Nachbar, als er sich mit dem Großvater darüber unterhielt, ob denn wohl die damals weit verbreiteten „Box"-Kameras, mit denen man allenfalls bei gutem Licht Familienfotos „knipsen" konnte, abzuliefern seien. Die beiden älteren Herren, Weltkrieg I-Veteranen, gelangten zu der Ansicht, dass man der Aufforderung Folge leisten solle, entschieden dann aber erstaunlicherweise, dass Großvaters alter Säbel auf keinen Fall in die Hände des „Feindes" gelangen dürfe. Dieser

Säbel, der seit Jahrzehnten in schwarzer Lederscheide in der Tiefe des großelterlichen Kleiderschrankes aufbewahrt wurde, stammte aus Großvaters Militärzeit. Von 1900 bis 1902 hatte er gedient, wie man damals zu sagen pflegte, und auf einigen Atelier-Fotos aus jener Zeit war Großvater mit einem Säbel zu sehen, den er stolz zu Kaisers Rock trug, der Uniform seines Infanterieregiments. Zu der ihm überlassenen Ausrüstung laut Militärpass gehörte er nicht. Er musste ihn später erworben haben. Es war ein ganz ordinärer Säbel, wie er zu Kaisers Zeiten zu zigtausenden existierte. Dass Großvater ihn nicht aus der Hand geben wollte, war insofern nicht verständlich und Großmutter brachte ihren Unmut über so viel männliche Ignoranz auch deutlich zum Ausdruck. „Willst Du wegen diesem Ding noch eingesperrt werden", fragte sie erbost. Großvater ließ sich nicht überzeugen, er hing an diesem Ding. Mochte er insgeheim auch schon nicht mehr ganz überzeugt sein, jetzt konnte er nicht mehr zurück. Der Säbel wurde in eine alte Decke aus Wachstuch eingeschlagen und dann mit Unterstützung des Nachbarn bei einsetzender Dunkelheit am Dünenrand vergraben. Der Säbel wurde übrigens nie wiedergefunden. Großvater und der Nachbar hatten nach Jahren an der Stelle, an der sie ihn glaubten vergraben zu haben, vergeblich gesucht. Auch in der unmittelbaren Umgebung dieser Stelle hatten sie ihre Spaten in die Erde gestoßen, aber der Säbel blieb verschwunden. Die Frage, ob die beiden Männer sich nicht mehr an den genauen Ort des Verstecks erinnerten oder ob eventuell jemand, der sie beobachtet hatte, als sie das gute Stück vergruben, ihnen zuvorgekommen war, blieb unbeantwortet.

In den ersten Wochen nach Kriegsende lernte ich ein neues Wort, mit dem ich aber nichts anfangen konnte. „Entnazifizierung" hieß dieses Wort. Es wurde häufig benutzt, und so hatte ich Mutter gefragt, was Entnazifizierung ist. Mutters Erklärung hatte ich nicht verstanden. Es hatte etwas mit „Onkel Führer" zu tun, dessen Bild nicht mehr in der Wohnküche hing. Der sogenannte „deutsche Gruß" war nun verboten, lernte ich. Das ging anfangs häufig daneben. Aber auch den Erwachsenen zuckte gelegentlich noch der rechte Arm in die Höhe und das „Heil..." blieb manch einem förmlich im Halse stecken. Der Friseur fragte auch nicht mehr, ob ich einen „Hitlerscheitel" wollte, und ich durfte auch nicht mehr danach fragen. So erlebte ich meine persönliche Entnazifizierung, ohne mir dessen bewusst zu sein oder auch nur die Bedeutung des Wortes zu kennen. Mutter und die Großeltern mussten einige Formalitäten über sich ergehen lassen. Ihr Vorgang wurde aber schnell zu den Akten gelegt. Sie waren nicht in der Partei gewesen, gehörten zur großen Masse der Mitläufer, wenn man darunter all jene Deutschen verstehen will, die keine überzeugten Parteigenossen waren, aber zweifellos Hitlers Politik weitgehend kritiklos akzeptiert hatten. – Die jahrelang vorgeschriebene Begrüßung von Menschen durch Heben des rechten Armes verbunden mit dem Heilsgruß war nun Geschichte. Ich erinnere mich nicht, ob später darüber gesprochen wurde, wie albern, ja sogar entwürdigend diese sinnentleerte Grußform war. Beruhigend jedoch, wie schnell im norddeutschen Raum das vertraute Moin wieder in den Alltag zurückkehrte.

-Einschulung-

Der Schulbetrieb war vorübergehend eingestellt worden. Das hatte verschiedene Ursachen. Die Entnazifizierung spielte dabei keine geringe Rolle. Der militärische Sieg über Hitler-Deutschland und dessen bedingungslose Kapitulation waren für die Siegermächte die unabdingbare Voraussetzung gewesen für einen demokratischen Neuanfang. Insbesondere die Jugend musste vor weiterer nationalsozialistischer Indoktrination geschützt werden. Bei Kriegsende gab es aber nur wenige Lehrerinnen und Lehrer, die nicht in dem Verdacht standen, mit dem Nazi-Regime sympathisiert zu haben. Die Amerikaner waren damals der Auffassung, dass die Obrigkeitshörigkeit und Autoritätsgläubigkeit der Deutschen in der Schule gezüchtet worden seien. Ich denke, es steckte ein gutes Stück Wahrheit in dieser Einschätzung. Das sollte zukünftig verhindert werden. Natürlich gab es aber auch genügend andere organisatorische Probleme nach dem Zusammenbruch des Dritten Reichs. So verging der Sommer mit der Neuorganisation der öffentlichen Verwaltung und des Schulbetriebes durch die Militärregierung.

Am 3. Oktober begann der Unterricht wieder. Es gab zunächst nur zwei Klassenräume und zwei Lehrkräfte, jedoch durch den Zustrom von Flüchtlingen eine auf zweihundertsechzig Köpfe angewachsene Schülerzahl. Ein normaler Schulbetrieb konnte unter diesen Bedingungen nicht gewährleistet werden. So wurde unter anderem auf andere Räume im Rathaus oder im Pfarrhaus ausgewichen. Tische und Stühle wurden teilweise aus den Elternhäusern der Schüler mitgebracht. Als es kälter wurde und die Behörden nicht genug Brennmaterial zur Verfügung stellen konnten, mussten wir Schüler aus dem schmalen häuslichen Vorrat etwas mitbringen. So kam es, dass sich in manch einem Schülerranzen neben den Schulutensilien auch ein Holzscheit oder sogar ein in Zeitungspapier eingewickeltes Brikett bzw. ein Stück Torf befand.

Ich freute mich auf die Schule, konnte den ersten Schultag kaum erwarten. Meine Mutter hatte nur mit Mühe eine Schiefertafel und die zugehörigen Griffel besorgen können. Eine Schultasche gab es vorläufig gar nicht. Hein, mein Spielkamerad aus dem Nachbarhaus, trug seine Schiefertafel in einer Art Einkaufstasche, die seine Mutter aus Leinenresten genäht hatte. Hein wollte nicht zur Schule. Er hatte offenbar eine schreckliche Vorstellung von dem, was ihn dort erwartete, denn er weinte herzzerreißend, als er an der Hand seiner Mutter bei uns ankam, um gemeinsam mit mir und meiner Mutter den kurzen

Weg zur Schule zu gehen. Dort trafen nach und nach die ABC-Schützen mit ihren Angehörigen ein. Es waren fast nur Mütter oder ältere Geschwister, die uns Schulneulinge begleiteten. Viele Väter, sofern sie den Krieg überlebt hatten, waren noch in Gefangenschaft oder vermisst. Verglichen mit den aufwendig gestalteten Einschulungen heutiger Zeit war das eine ärmliche Veranstaltung. Nur ein Kind hatte eine Schultüte, ein Relikt aus Vorkriegszeiten. Viel war sicher nicht in der Tüte, es gab doch nichts.

Der Klassenraum, der uns Neue aufnahm, war noch genauso möbliert wie zur Schulzeit unserer Eltern. Für jeweils zwei Schüler gab es eine Bank mit angebautem, leicht geneigtem Pult. Im oberen, waagerechten Teil des Pults befand sich vor jedem Sitzplatz eine kleine Klappe aus Stahlblech. Sie verschloss ein Fach zur Aufnahme eines Tintenfasses. Ich hatte die Klappe entdeckt, kaum dass ich Platz genommen hatte. Sofort griff ich danach um festzustellen, was es damit auf sich hatte. Ein leeres mit Tinte bekleckstes Fach entdeckte ich darunter. Damit konnte ich nichts anfangen und ließ die Klappe achtlos wieder fallen. Das machte ein schönes Geräusch und so ließ ich es gleich noch ein paar Mal klappern. Sogleich schlossen sich weitere Schulneulinge an, und so war Fräulein Cremer, die nette junge Lehrerin, gezwungen, die erste Schulstunde mit einer Ermahnung zu beginnen, bevor sie uns Erstklässler begrüßen konnte. Anschließend führten Schüler der zweiten und dritten Klasse ein kleines Theaterstück auf. Dabei wurde getanzt und gesungen, und wir durften das Lied vom Bi-Ba-Butzemann, der herumgeht, sogar alle mitsingen. Mit ein paar Informationen der Lehrerin an die Mütter endete dann bereits unser erster Schultag.

-Schulalltag-

Die ersten Buchstaben, die ersten Wörter, ja selbst noch die ersten kurzen Sätze lernte ich mit dem Griffel auf der Schiefertafel zu schreiben. Eine praktische Einrichtung war das zweifellos. Mit Schwamm oder Lappen konnte man Fehler schnell korrigieren oder Platz schaffen für Neues, ohne Papier zu verbrauchen, damals Mangelware wie viele andere Güter auch. Allerdings waren Schiefertafeln empfindlich gegen Schlag und Stoß. Ich war nicht der einzige Schüler, dessen Tafel bereits nach wenigen Wochen einen Sprung hatte. Das war nicht schlimm. Allerdings wurde es dramatischer, als meine Tafel bei einer leichten Rauferei auf dem Heimweg in drei unterschiedlich große Teile auseinander fiel. Es gelang mir, die Teile wie bei einem Puzzlespiel wieder in den Rahmen einzubauen. Die Hausaufgaben konnte ich trotz der Risse in der Tafel fertigstellen. Am darauffolgenden Vormittag ließ sich das Provisorium jedoch nicht länger verstecken. Die Lehrerin, Fräulein Cremer, hatte stichprobenweise die Hausaufgaben kontrolliert und wollte nun ein Wort-Diktat machen. Also mit dem Schwamm schnell die Hausaufgabe gelöscht und ... schon bestand meine Tafel wieder aus drei Teilen, bzw. vier, den Rahmen mitgerechnet. Eilig versuchte ich, die Teile zusammenzufügen, es wollte jedoch nicht gelingen. Fräulein Cremer fragte, ob wir bereit seien, und diktierte dann das erste Wort. Meine Tafel war noch nicht einsatzfähig, zunehmend fahriger werdend versuchte ich die gestern so erfolgreiche Reparatur zu wiederholen. Es gelang nicht. Das zweite Wort wurde diktiert, und soeben hatte ich das dritte Teil erfolgreich eingebaut, als das erste wieder herausfiel. Tränen flossen, die Anspannung hatte sich ein Ventil gesucht, und das war der Moment, der Fräulein Cremers Aufmerksamkeit auf mich lenkte. Sie kam zu mir, für einen Moment spürte ich ihre Hand auf meiner Schulter; alles darauf Folgende ist aus meinem Gedächtnis gelöscht. Offenbar ist sie nachsichtig mit mir umgegangen. Eine intakte Tafel bekam ich auch, irgendjemand hatte noch eine auftreiben können. Sie blieb intakt, bis wir begannen, Schulhefte zu benutzen. Nun gewannen die mit Tinte bekleksten Fächer in unseren Bänken Bedeutung, deren stählerne Abdeckklappe mich am ersten Schultag zu unerlaubtem Lärmen verleitet hatte. Wir schrieben nämlich mit Tinte, die mittels Feder auf das Papier gebracht wurde. Um kein Missverständnis zu provozieren, natürlich hatten wir schon Stahlfedern, die in einen Federhalter gesteckt wurden. Füllfederhalter hatte kaum jemand.

-Die Baracke-

Die abgezogenen und in Gefangenschaft geratenen Wehrmachtssoldaten hatten nicht nur militärisches Gerät hinterlassen. Das war, soweit nicht schon von den deutschen Soldaten zerstört, von den englischen Besatzungssoldaten beschlagnahmt oder vernichtet worden. Die gesprengten Bunker dienten uns Kindern noch jahrelang als Spielplatz. Aber die Behausungen der Wehrmachtsangehörigen, größtenteils Baracken, waren erhalten geblieben und höchstens 6 Jahre alt. Am Standort der ehemaligen Flak-Batterie „Der Jaguar", in der Nähe der Wilhelmshöhe wurden Teile dieser Baracken demontiert und auf unserem weiträumigen Schulhof zu einem Schulgebäude mit 2 Klassenräumen zusammengebaut. Während des Krieges war ich mit Mutter beim „Tag der Wehrmacht" zu dieser Flak-Stellung gegangen, weil die Zivilbevölkerung zu einer Art Volksfest eingeladen war. An der Straße, die zu den Baracken führte, war ein großer springender Jaguar zu sehen. Ich hatte mächtig Respekt vor diesem für mich riesigen hölzernen Raubtier, mochte kaum hinsehen im Vorbeigehen. Als ich in den Nachkriegsmonaten erstmals wieder dort hinging, lief ich vorsichtig bis zu der Stelle, wo das Untier sichtbar werden musste. Es war weg! Erleichtert setzte ich meinen Weg fort.

Mit der nun aufgestellten Baracke entspannte sich die Schulraumnot, auch wenn immer noch nicht alle Schulpflichtigen an einem Standort zusammengeführt werden konnten. Sichtbarer Ausdruck der neuen Zeit, die für uns anbrach, waren Schulräume mit Tischen und Stühlen; die Zweierbänke mit Schreibpult waren Geschichte. Bei den Tischen fällt mir ein, wie wir in etwas späteren Jahren eine Art Mutprobe mit ihnen veranstalteten. Es gab auch einige Vierertische. Zu zweit saßen wir an einer Längsseite, an jeder Querseite einer. Es war Enno, der den Einfall mit einer „kleinen Tischerhebung" hatte. Es war die Verballhornung eines Begriffs, der mit unserem Unterrichtsstoff zu tun hatte, aber ich erinnere nicht mehr, um was es sich handelte. Wenn Enno, an der Querseite links von mir sitzend, mir zuflüsterte: „Eine kleine Tischerhebung"? checkte ich kurz die Chance, unentdeckt zu bleiben. Unser Lehrer musste durch Arbeit an der Tafel abgelenkt sein und uns den Rücken zuwenden. Konnte ich von ausreichend langer Abgelenktheit des Lehrers ausgehen, gab ich meinem Nebenmann ein Zeichen und der dem vierten Akteur an der anderen Querseite. Wir erhoben uns vorsichtig, auf ein kurzes Kopfnicken packten alle die Tischplatte und wir hoben den Tisch an. So weit noch wenig spektakulär. Nach zwei unentdeckten Versuchen wurden wir mutiger und hoben den Tisch bis in Brusthöhe, aber als uns eines Tages der Teufel ritt und wir den Tisch in Kopfhöhe bringen wollten, lief die Übung aus dem Ruder. Unser Akteur an der anderen Querseite, seinen Namen erinnere ich nicht, wollte seinen Griff an der Tischplatte ändern. Dabei geriet das fragile statische System aus der Balance, der Tisch bekam Schieflage, unsere Arbeitsutensilien rutschten Richtung Fußboden, wo sie geräuschvoll ankamen. Es gelang uns den Absturz des Tisches zu verhindern, und möglicherweise honorierte Herr Gentzsch, unser Kunsterzieher, diese sportliche Leistung. Denn er bedachte uns nur mit einem spöttischen Lächeln, brummte uns doppelte Hausarbeit auf und ging zur Tagesordnung über.

Mein Großvater erwarb auch Barackenteile aus Wehrmachtsbestand und errichtete im Hof einen Geräteschuppen und Holzspeicher; seine Bude nannte er den Bau. Auf einer etwa 8 m² großen Fläche vor dieser Bude wurde Tabak angebaut. Großvater war kein starker Raucher, aber seine Pfeife wollte etwas zum Brennen haben. Genau wie Lebensmittel waren Tabakwaren rationiert, und allenfalls auf dem Schwarzen Markt konnte man gegen andere nachgefragte Waren mehr erhalten; den gab es auf Juist nicht wirklich, man tauschte, wobei die Grenzen zu Schwarzmarkt-Geschäften sicher gelegentlich überschritten wurden. Woher die Stecklinge für den Tabakanbau kamen, weiß ich nicht. Vermutlich hatte meine Großmutter sie organisiert und auch gepflanzt, um ihrem Mann das bescheidene Vergnügen zu ermöglichen. Nach der Ernte wurden die großen Tabakblätter auf dem Speicher zum Trocknen aufgehängt. Großmutter hätte an Stelle des Tabaks sicher lieber zwei Dutzend Kohlköpfe wachsen lassen, denn auf jedem Quadratmeter nutzbarer Gartenfläche wurden Kartoffeln, Bohnen, Salat etc. gezogen. Für Eier sorgte eine Hühnerschar, die von Zeit zu Zeit um ein Huhn verringert wurde, um eine kräftige Suppe zu kochen. Ein zur Schar gehöriger Hahn und die eine oder andere Glucke sorgten jedoch für Nachwuchs.

Neben dem Federvieh hatten wir auch noch eine stattliche Anzahl Kaninchen, die in Ställen untergebracht waren. Deren einziger Lebenszweck bestand in der gelegentlichen Lieferung eines Bratens an Sonn- und Feiertagen. Großvater konnte kein Tier töten, und so musste Nachbar Dirk Siebje einspringen, um die Handgriffe durchzuführen, die nun einmal sein mussten, wenn aus einem Kaninchen ein für die Pfanne geeignetes Stück Fleisch werden sollte. Bevor es dazu kam, musste so ein Tier ausreichend lange gemästet werden. Ein Teil der im Garten gezogenen Möhren wurde dazu genutzt, aber auch Löwenzahn, der in den Dünen geerntet wurde. Das gehörte zu meinen Aufgaben. Ausgerüstet mit Korb und Messer durchstreifte ich die sogenannten grünen Dünen, wo ich in Ortsnähe jedoch zunehmend seltener auf das gewünschte Grünzeug stieß. Wir waren ja nicht die einzigen Insulaner, die Kaninchen hielten. Die Stallreinigung gehörte auch zu meinen Aufgaben, und Nachschub an Stroh für die Kaninchenställe heranschaffen ebenfalls. Den gewann ich durch das Ausharken von Gräsern und Strandhafer in den Dünen. Ruksel nannten wir diese zu Stroh vertrockneten Gräser. Mit ein oder zwei Kartoffelsäcken und Harke war ich unterwegs, um für Nachschub zu sorgen. Auch das gestaltete sich zunehmend schwieriger, da wie beim Löwenzahnstechen die gleichen Konkurrenten unterwegs waren. So wurden die Wege, die ich gehen musste, immer länger. Glücklicherweise wog selbst ein stramm mit Ruksel gefüllter Sack sehr wenig, so dass der lange Heimweg nicht anstrengte. Beim Strandjen konnte das zu einer schlimmen Plackerei werden; ich werde noch davon erzählen.

Die zuvor geschilderte Lage lässt den Eindruck einer für Krisenzeiten gut erträglichen Ernährungssituation entstehen. Sie musste jedoch erst einmal geschaffen werden. Zunächst gab es fast nichts. Die Tatsache, dass der Krieg im Frühjahr endete und nicht im Spätherbst, mag einige hunderttausend Menschen vor Verhungern und Erfrieren bewahrt haben. Die Versorgungslage war angespannt, und das ist ein eher milder Begriff für die tatsächliche Situation. Lebensmittel waren rationiert, wir erhielten sie nur auf Lebensmittelkarten, die die jeder Person zustehende Menge an Brot, Kartoffeln, Fleisch etc. auswiesen. Das war schon während des Krieges so gewesen. Wir kamen jedoch gut über den Sommer, gewöhnten uns an zunehmend schmaler werdende Kost und an die durch die englische Militärverwaltung vorgegebene neue Ordnung. Wir Kinder genossen die relative Freiheit, konnten wir uns doch fast überall in den Dünen frei bewegen;

während des Krieges waren sie größtenteils militärisches Sperrgebiet gewesen. Die Erwachsenen blickten jedoch sorgenvoll auf den bevorstehenden Winter. Würde man die Insel ausreichend mit Lebensmittel versorgen können? Würde genügend Brennmaterial geliefert werden? Es gab keine Vorräte, und es gab auch kaum Landwirtschaft auf der Insel, mit deren Erzeugnissen man die schlimmste Not hätte lindern können.

Es wurde schlimm. In allen Häusern roch es nach Kohl, nach Dörrgemüse - das beispielsweise aus Möhren und Zuckerrüben hergestellt wurde - oder nach Landbohnen, eine offensichtlich minderwertige Art, die auch Saubohnen genannt wurden; vermutlich wurden sie in besseren Zeiten an das Schweinevieh verfüttert. Ich bin ein großer Bohnenfan, aber diese Sorte wollte selbst in diesen Hungerzeiten nur schwer rutschen, und Jahre später dachte ich noch mit Schaudern an diese Zumutung. Das Dörrgemüse dagegen mochte ich, solange es nicht gekocht war. Fleisch gab es nur in homöopathischer Dosierung, und meistens war es von minderer Qualität, mehr Fett als Fleisch, aber es brachte wenigsten etwas Geschmack an das Essen. Wir waren glücklich und dankbar, wenn wir, unter der Hand natürlich, ein Stück Schinkenspeck oder eine Wurst von einem „schwarz" geschlachteten Schwein erhielten; das war ein Festtag. Ein Schwein, oder ein anderes Nutztier heimlich zu schlachten und zu verarbeiten war bei Strafe verboten. Die insgesamt produzierte Menge an Nahrungsmitteln musste ja gerecht verteilt werden, soweit das möglich war. Wie es überhaupt gelingen konnte, beispielsweise ein Schwein zu mästen, ohne dass die Verwaltung davon erfuhr, ist mir rätselhaft geblieben. Da mussten wohl alle in der unmittelbaren Nachbarschaft zusammenhalten, um das Geheimnis zu wahren.

Das erste Nachkriegsweihnachtsfest stand bevor. Die Aussicht auf einen Weihnachtsbaum hatten die meisten früh aufgegeben. Großvater schickte sich an, einen Baum zu basteln. Möglicherweise erinnerte er sich an den in seiner Kindheit mit dem Lehrer Leege hergestellten Weihnachtsbaumersatz. Er bohrte Löcher in ein etwa besenstillanges Rundholz. Dieser „Stamm" wurde mit grünem Krepppapier umwickelt, bevor die gebohrten Löcher Zweige aufnahmen. Ich meine mich zu erinnern, dass es Tannenzweige waren; vermutlich war es gelungen zumindest eine kleine Schiffsladung Zweige zu organisieren.

Am Heiligen Abend ging ich gemeinsam mit Mutter und Großmutter in die Kirche. In späteren Jahren haben wir darüber diskutiert, ob es dort einen Weihnachtsbaum gab, wie ich es erinnerte. Mutter meinte, erst zum zweiten Nachkriegsweihnachten habe es wieder einen Baum gegeben. Der Weihnachtsbaum in der Kirche, seine aus Kindersicht unglaubliche Größe, die vielen Kerzen, waren ein überwältigendes Erlebnis. Schon als Kleinkind, so erzählte meine Mutter, als sie mich im Alter von 2 Jahren erstmals am Heiligen Abend mit zur Kirche nahm, sei ich vom Baum fasziniert gewesen. Während andere Mütter nur mit Mühe ihre Kleinen während der Andacht still halten konnten, war ich andächtig damit beschäftigt, den Weihnachtsbaum zu bewundern. Und welche Freude, wenn dann zuhause im Wohnzimmer auch eine geschmückte Tanne mit brennenden Kerzen stand. „Mein Baum, mein Baum" rief ich voller Kinderseligkeit, und die Geschenke waren in diesem ersten Moment nachrangig.

An ein Weihnachtsgeschenk kann ich mich erinnern, ein Spielzeug. Es war ein Drehkran, ein Teil das heute gelegentlich noch in Häfen zu sehen ist. Sein fester Sockel bestand aus dem Filter einer Gasmaske, gelb angestrichen. Ich erkannte es sofort, meine eigene lag noch im Schrank. Findige Köpfe hatten schon wenige Monate nach Kriegsende begonnen, aus dem Wenigen was zur Verfügung stand,

Spielgerät herzustellen. Gasmaskenfilter gab es im Überfluss, ich war bestimmt nicht der einzige Junge, der einen Drehkran mit Gasmasken-Sockel geschenkt bekam. *(Anmerkung des Autors: Der Einsatz von Gas als Kampfmittel im 1. Weltkrieg hatte verheerende Folgen. Man rechnete auch im 2. Weltkrieg damit, daher wurde die Bevölkerung frühzeitig mit Gasmasken ausgerüstet. Sie wurden Gott sei Dank nie gebraucht.)*

-Neubeginn-

Selten satt und meistens frierend sind wir durch den ersten Nachkriegswinter gekommen. Doch immerhin, wir hatten nicht nur den Krieg, sondern auch den ersten Hungerwinter überlebt. Dass Schlimmeres bevorstehen könnte, darüber wollte im Frühjahr 1946 niemand lange nachdenken. Mit den steigenden Temperaturen stieg auch der Optimismus, es irgendwie zu schaffen. Und, rückblickend betrachtet kaum vorstellbar, im Sommer besuchten bereits fast 4000 Gäste unsere Insel. Die benötigten Lebensmittel musste jeder Gast mitbringen; verpackt in Kisten oder Kartons kamen Kartoffeln, Mehl, Zucker und Konserven meistens vorab bei den Beherbergungsbetrieben an. Ferienwohnungen gab es damals nicht. Man wohnte in Hotels, soweit die nicht von den Besatzungssoldaten belegt waren, und vor allem in Pensionen, oft auch mit Küchenbenutzung.

Die Stromversorgung war nicht zu jeder Tageszeit sichergestellt. Die privaten Verbraucher mussten ggf. zurückstehen, wenn die insgesamt erzeugte elektrische Energie nur für die Versorgung der gewerblichen Betriebe und der mühsam wieder in Gang kommende Industrie ausreichte. Auch der Nachschub an Kohle für die Kraftwerke lief nach strengem Verteilungsplan. Daher musste „Strom gespart" werden. Abends und nachts mussten wir in den Wintermonaten oft auf Strom verzichten. Die vor Jahrzehnten beiseite gestellten Petroleumlampen wurden nun wieder hervorgeholt. Zwei Stück hatten die Großeltern vorsichtshalber aufbewahrt. Das Wissen, wie mit ihnen umzugehen ist, war nicht verloren gegangen, schon während des Krieges hatten wir sie oft genug nutzen müssen.

Belastender als die unsichere Stromversorgung war die ebenfalls unsichere Versorgung mit Lebensmitteln und Heizmaterial. Auf Strom konnte man eher verzichten. Ein normaler Haushalt war kaum elektrifiziert. Kühlschränke und Waschmaschinen gab es so gut wie nirgends, Elektroherde selten und Fernsehgeräte gar nicht. Allenfalls der sogenannte Volksempfänger, über den die Nazis ihre Botschaften verbreitet hatten, war in allen Wohnungen zu finden. Gekocht und gleichzeitig geheizt wurde mit dem klassischen Küchenherd, der Kohle, Torf oder Holz zum Feuern benötigte. Und so wurde die Küche, damals in der Regel größeren Zuschnitts als heute und als Wohnküche eingerichtet, zum Mittelpunkt jeglichen Zusammentreffens der Familie und bevorzugter Aufenthaltsort. Denn meistens wurde nur dieser Raum beheizt. Allenfalls an besonderen Feiertagen wie Weihnachten wurde der Wohnzimmerofen angeheizt. Das Entzünden des Brennmaterials erfolgte mit Fidibussen, etwa 20 cm langen schmalen mehrfach gefalteten Papierstreifen. Großvater fertigte sie aus altem Zeitungspapier. Ein stramm gefalteter Fidibus, meistens am Herdfeuer in der Küche entzündet, brannte sehr langsam und eignete sich daher besonders gut zum Entfachen eines Feuers in einem Ofen. Man konnte das aufgeschichtete Brennmaterial gleich an mehreren Stellen entzünden, ohne sich wie mit Streichhölzern die Finger zu verbrennen. Streichhölzer waren ebenfalls Mangelware, und so steckte Großvater sich auch seine Pfeife meistens mit einem Fidibus an, den er an der Glut des Küchenherdes entzündet hatte. Gelegentlich sagte er dann: „Wenn mein Pfeifchen brennt und der Rauch von Göttern lieblich mir die Nase kitzelt, tausch ich nicht mit Göttern."

Gemütlich war es, wenn man am frühen Abend beim Schein der Petroleumlampen gemeinsam am Tisch saß, sich etwas erzählte oder jeder mit einem Buch oder einer Zeitung beschäftigt war. Nur das Ticken der Wanduhr war zu hören, gelegentliches Rascheln beim Umblättern einer Buchseite und das leise Summen des Wasserkessels, der immer auf dem Herd stand.

Ach ja, der immer gefüllt auf dem Herd stehende Wasserkessel, bereit, schnell Tee aufzusetzen, wenn überraschend ein Besucher kam. Zu diesem Zweck wurde er kaum gebraucht in den ersten Nachkriegsjahren. Wie alle anderen Lebens- und Genussmittel war auch der Tee rationiert. Ostfriesen, daran gewöhnt, wenigsten dreimal täglich Tee zu trinken, entbehrten den Tee kaum weniger als eine sättigende Mahlzeit. Ende September hatte es für Ostfriesland eine Sonderzuteilung von 28 Gramm pro Person gegeben. Sorgfältig wurde die Gesamtmenge des erhaltenen Tees eingeteilt, wenigstens einmal täglich wollte man sich den Genuss von ein bis zwei Tassen Tee gönnen. Oder man verzichtete tagelang, um für Sonn- und Feiertage, Familienfeste etc. einen kleinen Vorrat zu haben. Kluntjes bekam man damals nicht, ich meine erst nach der Währungsreform die ersten Kandisstücke gesehen zu haben. Jedoch war auch der normale Haushaltszucker Mangelware und musste genau eingeteilt werden. Die zweite wichtige Zutat zum Tee, die Sahne, wurde klassisch durch Aufstellen von Milch in kleinen Schüsseln gewonnen. Die sich nach einiger Zeit an der Oberfläche bildende Sahne wurde direkt mit dem speziellen Sahnelöffel vorsichtig abgeschöpft und in kleinen Portionen auf den Tee in der Tasse gelegt. Allerdings brachte diese auch heute noch bei manchen Bewahrern der reinen Lehre gebräuchliche Form damals kein zufriedenstellendes Ergebnis. Die Verbraucher erhielten meistens nur entrahmte Frischmilch, die wegen ihres leicht bläulichen Schimmers abwertend „Blauer Blitz" genannt wurde. Ich konnte damals nicht verstehen, warum die Erwachsenen so viel Wesens machten um den Tee. Hatte ich Durst, drehte ich den Wasserhahn auf. Erst viel später verstand ich, was es für einen Besucher bei uns bedeutete, wenn Großmutter sagte „Ick hebb noch'n Trecksel". Eine kleine sorgsam gehütete Menge Tee, ein Trecksel (abgeleitet vom ostfr. Verb trecken = ziehen), wurde in den Treckpott (Kanne) gegeben, um den Gast zu ehren und mit ihm gemeinsam eine kleine Köstlichkeit zu genießen.

Gelegentlich wurde auch ein Kuchen gebacken, für eine Geburtstagsfeier beispielsweise. Die wichtigsten Zutaten wie Mehl, Milch und Eier waren knapp, Butter gar nicht zu bekommen. Wie glücklich waren die Hausfrauen, wenn sie einem Rührteig noch ein paar Rosinen hinzufügen konnten. Damals lernte ich von meiner Kusine Inge den Unterschied zwischen Brüllkuchen und Flüsterkuchen. Einen Flüsterkuchen bekam man, wenn reichlich Rosinen drin steckten; da sie so dicht beieinander waren, konnten sie sich flüsternd verständigen. Warum unsere Nachkriegskuchen Brüllkuchen waren, liegt auf der Hand. Wenn man Glück hatte, erhielt man ein Stück mit ein oder zwei Rosinen. Ich nannte ihn später den Adolf Hitler-Gedächtniskuchen, schließlich war dieser Unhold doch für den mageren Kuchen verantwortlich.

-Hungerwinter 1946/47-

Der 2. Nachkriegswinter stand bevor. Bereits im Herbst zeichnete sich die ungenügende Brennstoffversorgung der Insel ab. Von dem im Auftrag der Gemeindeverwaltung auf dem ostfriesischen Festland gestochenen Torf kam nicht einmal ein Drittel an. Ich erinnere mich, wie wir einige Zentner Torf-Briketts in Großvaters neu errichteten Schuppen einlagerten. Für jeden Haushalt waren 5 Zentner pro Monat vorgesehen, doch die kamen längst nicht auf der Insel an. Das sollte Folgen haben.

In der ersten Dezemberhälfte trafen an mehreren Tagen in Gruppen weitere Flüchtlinge ein. Über 100 Menschen waren es. Sie waren bei der Verwaltung nicht angemeldet worden, nichts war vorbereitet, und so wurden sie zunächst im Münsterheim, einem seit Kriegsbeginn nicht mehr genutzten Kinderheim, und im Schwesternheim der Wittener Diakonissen untergebracht. Anderthalb Jahre nach Kriegsende strömten immer noch Vertriebene und Evakuierte kreuz und quer durch ganz Europa. Für Menschen, die ihre Heimat verloren hatten, muss die Ankunft auf einer ihnen unbekannten kleinen Nordseeinsel bedrohlich gewirkt haben. Die bereits angespannte Versorgungslage verschärfte sich durch die neu Zugezogenen beträchtlich. Wenige Tage vor Weihnachten klopfte ein Jugendlicher, vielleicht 15 oder 16 Jahre alt, an unsere Tür. Er sei gemeinsam mit einem Dutzend weiterer Jugendlicher im Münsterheim einquartiert worden erzählte er, das sei nun ihr vorläufiges Zuhause. Eine Betreuerin, die auch für sie kochte, hätte sie losgeschickt, um bei den Insulanern nach Weihnachtsbaumschmuck zu fragen. Ein bisschen festlich wollten sie es auch gern haben, ein paar Zweige hätten sie schon organisiert. Ob er mit etwas überlassenem weihnachtlichem Dekor unser Haus wieder verließ, daran erinnere ich mich nicht. Aber gut gegessen hatte er. Denn kaum hatte er seine Bitte vorgetragen, als er den Geruch von Essen wahrnahm und verkündete, es würde ja köstlich riechen. Großmutter hatte Weißkohl und Kartoffeln gekocht, vielleicht noch mit ein paar Zwiebeln. Für einen Jugendlichen mit leerem Magen und wenig Aussicht, im Lauf des Tages noch nennenswert Sättigendes zu bekommen, muss der Geruch gekochten Essens herausfordernd gewesen sein. Nur keine falsche Bescheidenheit, wird er gedacht haben, davon wird man nicht satt. Und mit meiner Großmutter hatte er die richtige Ansprechpartnerin. Sie befüllte einen Teller. Meine Mutter, soeben zum Essen nach Hause gekommen, reagierte ungehalten. Wir haben selbst kaum genug, sagte sie auf Plattdeutsch leise zu Großmutter. Die jedoch hielt es für ihre Christenpflicht, auch das Wenige zu teilen. Wer weiß, vielleicht hatte die Betreuerin ihre jugendlichen Schutzbefohlen bewusst um die Mittagszeit ausschwärmen lassen und dabei auf mildtätig gestimmte Insulaner gehofft.

Mitte Dezember begann es überraschend stark zu frieren. Gleichzeitig setzte Ostwind ein, der bei Flut keinen normalen Wasserstand zulässt. Die für die Nordseeküste ungewöhnlich tiefen Temperaturen - in Norddeich wurden am 21.12. -13° C gemessen – ließen das Watt in wenigen Tagen vereisen. Die Fährverbindung konnte nicht aufrechterhalten werden. Auf dem Festland arbeitende Juister und Juister Schüler, die auf dem Festland zur Schule gingen, sollten am 24.12. mit einem Frachtschiff am Kalfamer abgesetzt werden. Wegen starken Eisgangs konnte das Schiff den Norddeicher Hafen jedoch nicht verlassen. Erst am zweiten Weihnachtstag gelang es, einige Personen und Post am Juister Ostende abzusetzen.

Mein Weihnachtsgeschenk war ein Schaukelpferd. Der Weihnachtsmann muss eine Familie mit älteren Kindern gekannt haben, bei denen dieses Spielgerät nicht mehr genutzt wurde. Was der Weihnachtsmann dafür eingetauscht hat, habe ich mich erst Jahre später gefragt: vielleicht ein Huhn, oder ein Kaninchen?

Nach Weihnachten setzte Tauwetter ein, aber das zugefrorene Watt und der uns erhalten bleibende Ostwind machten einen regulären Fährbetrieb unmöglich. Anfang Januar 1947 setzte erneut Frost ein. Wenige Tage später wurden -17° C gemessen. Auch der regelmäßige Schulbetrieb wurde Opfer der Kälte. Der Mangel an Heizmaterial ließ keine andere Lösung zu; nur ältere Schüler wurden, als der

Frost etwas nachließ, an wenigen Nachmittagsstunden unterrichtet. Tische und Stühle wurden so gestellt, dass alle dem Ofen möglichst nahe waren. Wir jüngeren, obwohl wir keine Schule hatten, blieben sogar meistens zu Hause. Kaum einer hatte richtige Winterkleidung, unser Schuhwerk war abenteuerlich, und überdies macht Spielen im Freien bei tiefen Minusgraden sehr hungrig. Zu essen gab es aber nicht einmal genug für den normalen Hunger.

In der Pfarrchronik wird in diesen Januar-Tagen des Jahres 1947 unter anderem folgendes festgehalten: „... Vorherrschend war der Mangel an Brennstoff. Manche Familie konnte sich nicht einmal ein warmes Mittagessen bereiten. Andere zerschlugen zu diesem Zweck Stühle und Bänke. .... Auch die Ernährungslage wurde ungünstiger, da keine Wintervorräte vorhanden waren." Und in der Schulchronik kann man nachlesen: „Die Not wurde immer größer. .... Unser Brennmaterial wurde knapp. Nachts verschwanden alle überflüssigen Zäune, Pforten und Verschläge."

Ich erinnere mich an eine Diskussion, die wir in späteren Jahren gerne erzählten. Es ging um die Frage, ob der Großvater aus einigen noch aufgehobenen Brettern weitere Kaninchenställe bauen oder ob das Holz besser zum Heizen genutzt werden solle. Eine fast philosophische Fragestellung. Mehr Ställe bedeutete mehr Fleischversorgung, die jedoch wenig Nutzen brachte ohne das zum Braten benötigte Feuerholz. Es ging zu Gunsten der Kaninchenställe aus, allerdings ein Stück Zaun ging eines Tages auch noch in den Ofen. Ja und nicht nur Zäune und ähnliches wurden verheizt. Das noch von Dr. Leege angelegte Wäldchen im Westen der Insel sowie die Anpflanzungen an den Goldfischteichen halfen uns dabei, diese schlimmen Winterwochen zu überleben.

Als die Vorräte immer mehr zur Neige gingen, gab es abends oft nur noch ein dickes Stück Schwarzbrot, auf der Herdplatte angeröstet, mit etwas Zucker bestreut. Vorher wurden bereits die Kruken (meistens mit Sand gefüllte Steinhäger-Flaschen aus Ton) und auch Ziegelsteine im Backofen aufgewärmt. Damit ließen sich die klammen Betten gut vorwärmen.

Im Februar begannen die ständigen Märsche über das Eis, um die notwendigsten Dinge auf dem Festland einzukaufen. Edzard Conring schreibt in seiner Chronik *Insel im Eis*: „Zwei bis vier Mann bildeten jeweils eine Gruppe, die gemeinsam das Wattenmeer überquerten, um Brot und vielleicht noch dringendere Bedarfsmittel für Nachbarn und Verwandte in Rucksäcken zur Insel zu bringen. ... Wir hatten beispielsweise Rucksäcke in der Art umgebaut, daß eine Tragefläche für acht bis zehn Schwarzbrote zu je 3 kg entstand..." Das zugefrorene Watt bildete keine gleichmäßige glatte Oberfläche. Zusammengeschobene Eisschollen, kleine Eisberge, wieder zugefrorene Risse im Eis erschwerten das Gehen und machten es schwierig, Schlitten mitzuführen.

An den Tagen, wo die Eisgänger unterwegs waren, ging ich am späten Nachmittag ins Wohnzimmer, um an dem nach Osten gelegenen Fenster auf die Rückkehrer zu warten, von denen immer einige bei uns vorbeikamen. Es zeigte sich sonst kaum ein Mensch, jeder blieb möglichst im Warmen. So wurde die Rückkehr der Eisgänger zu einer Abwechslung im Alltag. Das Wohnzimmer wurde nicht beheizt, die Fensterscheiben waren mit wunderschön anzusehenden Eisblumen überzogen. Um mir einen Blick nach außen zu verschaffen, hauchte ich solange gegen eine Scheibe, bis ein kleiner Teil des Eisblumenfeldes aufgetaut war. Die so geschaffene Öffnung ermöglichte den Blick zur Straße. Eines Tages, es dämmerte bereits, konnte ich melden: „Onkel Benno kommt!" Der Bruder meiner Mutter war auch wieder mitgegangen. Wie sein Vater im 1. Weltkrieg, so hatte er sich seinen „Heimatschuss" im Russlandfeldzug 1942 geholt. Den Krieg überlebt, der Gefangenschaft entgangen, einen Arm verloren. Er öffnete die Garten-Pforte, die noch nicht im Ofen gelandet war, und ich rannte zur Haustür, um ihn als erster zu begrüßen. Großvater half ihm den Rucksack abzunehmen und den alten, mit Schnee- und Eiskristallen überzogenen Wehrmachtsmantel auszuziehen. Schnell wurde der Teetopf aufgesetzt. Die von Großmutter eisern verteidigte Reserve an Teeblättern wurde nun benötigt, um den Sohn auch von innen aufzutauen. Später, wieder durchgewärmt und als auch die für uns eingekauften Waren ausgepackt worden waren, machte er sich auf den Heimweg zur eigenen Familie in der Siedlung.

Die Touren über das Eis waren nicht ungefährlich. Für die holprige, teilweise jedoch auch eisglatte Strecke von 12 km benötigten die Eisgänger etwa 3,5 Stunden. Nach Einkauf der Waren und kurzer Rast nahmen sie den gleichen Weg zurück auf sich. Bei einsetzendem Schneegestöber oder bei plötzlich aufkommendem Seenebel liefen sie Gefahr, die Orientierung zu verlieren. Trotz immer mitgeführtem Kompass passierte es, dass sie Juist manchmal viel weiter östlich als vorgesehen erreichten. Viel gefährlicher war es jedoch, sich erschöpft und übermüdet ausruhen zu wollen. Die Eisgänger waren daher nie allein unterwegs. Bis zu 80 Personen in kleinen Gruppen gingen die Strecke. Anfang März sollten bis zu 100 Personen das dringend benötigte Brotmehl von Norddeich holen. Zwei LKWs waren in Norden beladen worden. Als die Juister Eisgänger das Festland erreichten, waren die Fahrzeuge nicht vor Ort. Heftiger Schneefall hatte die Straße nach Norddeich unpassierbar gemacht. Die Juister, soweit sie sich nicht entschlossen, in Norddeich bei Verwandten oder Bekannten zu übernachten, machten sich mit kleinen Einkäufen wieder auf den Heimweg. Bei der Ankunft auf Juist fehlte eine Person. Es handelte sich um Herrn Suckow, einen älteren Herrn, als Flüchtling nach Juist gekommen. Ein Suchtrupp machte sich sofort auf den Weg, musste aber wegen schnell einsetzender Dunkelheit und Schneetreiben die Suche abbrechen. Bei erstem Tageslicht machte man sich wieder auf den Weg und fand den Erfrorenen auf dem Eis sitzend, nur anderthalb Kilometer vom Deich entfernt.

Die Nordwestzeitung berichtete am 04.03.1947: „Die Vereisung der Nordsee hat in diesem Winter einen außerordentlichen Umfang angenommen, wie er seit 1903 nicht mehr beobachtet worden ist. Das Eis geht vor der Deutschen Küste 60 Seemeilen aufs offene Meer hinaus."

Mit der Notversorgung durch die Eisgänger konnten mehr als 1.600 Personen bei weitem nicht versorgt werden. Ende Februar war das letzte Brotmehl verbraucht und auch an sonstigen Nährmitteln gab es nur noch Restbestände. Die Versorgungslage spitzte sich dramatisch zu. Hunger und Kälte waren nur noch schwer zu ertragen, mancher wurde apathisch. Die Gemeindeverwaltung appellierte an die Militärregierung, bat um Notversorgung aus der Luft. Am 7. März kamen endlich britische Flugzeuge und warfen über dem Flugplatz 100 Zentner Weizenmehl ab, wenige Tage später noch einmal 120 Zentner. Ein Teil der aus etwa 30 bis 50 m Höhe abgeworfenen Säcke zerplatzte beim Auftreffen. Dieses Mehl wurde zusammengefegt und mit Schaufeln und auch per Hand, vermischt mit Schnee und Sand, zu den Bäckereien gebracht. Wir Jüngeren aßen erstmals in unserem bisherigen Leben Weißbrot. Die Briten hatten uns fürs erste gerettet; zwei Jahre zuvor warfen sie noch Bomben auf uns.

Am 16. März änderte sich die Wetterlage. Der ständig seit Wochen aus dem Osten wehende Wind drehte auf Süd-Südost und in der Nacht zum 17. März auf West-Nordwest, in Windstärke 8 bis 9 und in

Spitzen bis 11, so hat es das Wasser- und Schifffahrtsamt Emden protokolliert. Gewaltige Wassermassen wurden in die Deutsche Bucht gedrückt, schoben sich unter das Eis, drückten es hoch, schoben es vor sich her auf die Inseln und die Küste zu. Auf Juist hörten wir die von der zerberstenden Eismasse verursachten Geräusche in den frühen Morgenstunden. Die eisigkalte Barriere, die uns drei Monate lang umklammert hatte, zerbrach in Stücke und türmte sich zu kleinen Eisbergen rund um die Insel auf. Besonders eindrucksvoll war das, was Wind und Wasser in offensichtlich spielerischer Leichtigkeit auf der Insel-Südseite geschaffen hatten. Ungläubig schauten wir dorthin, wo sich bisher unser Schiffsanleger befand. Bis zu 12 Meter hoch, wie wir später feststellten, türmten sich dort Eisschollen. Und der Anleger war weg. Die Schiffe, die dort den Winter über vertäut gelegen hatten auch, sie trieben zwischen Eisschollen im Wasser. Das Eis hatte selbst alles, was fest im Boden verankert war, vor sich hergeschoben und im Watt verteilt. Teile der Gleisanlage waren, kilometerweit entfernt, vor dem Ostende der Insel zu finden. Das Fährschiff „Frisia VI" strandete südlich vom Kalfamer auf der Itzendorf Plate. Die Frachtschiffe „Katharina-Elisabeth" und „Ostfriesland" wurden mit dem Ebbstrom durch das Seegat zwischen Juist und Norderney in die offene See befördert, trieben weiter in östlicher Richtung und konnten schließlich von den Rettungsbooten der Inseln Langeoog und Spiekeroog in den Langerooger Hafen geschleppt werden. Zwei kleine Fischerboote, die in den Wintermonaten auch an der Landungsbrücke vertäut gelegen hatten, trieben ebenfalls durch das Seegat, wurden noch nördlich von Norderney gesichtet und verschwanden dann spurlos. Vermutlich sind sie unter die treibenden Eisschollen geraten und gesunken.

Ich gehörte zu den ersten, die dort hinwanderten, wo die Eisberge am höchsten waren. Es ist dokumentiert. Der Juister Fotograf Fritz van Freeden fotografierte uns vier Jungens, die sich auf der Spitze des größten der Eisschollenungetüme in Positur stellten; ich war der kleinste. Zwischen den Eisbergen lagen Trümmer der zerstörten Landungsbrücke.

Auf der Insel-Nordseite sah es ähnlich aus. Der Strand lag unter einer meterhohen Decke aus Eisschollen, von der See beim Nordweststurm bis an die Dünen geschoben. Um ans Wasser zu gelangen, musste man über diese übereinander geschichteten Eisschollen klettern. Es war gefährlich, und wenn man an die Wasserkante gelangte, schaute man allenfalls aus 2 Meter Höhe aufs Wasser, oder, genauer beschrieben, auf im Wasser treibende Eisschollen. Es war gut, dass unsere Eltern selten wussten, wo wir uns gerade aufhielten und welche Abenteuer wir erlebten. Aber wir Kinder wollten endlich wieder raus. Die Außentemperaturen waren inzwischen auf knapp unter null Grad Celsius angestiegen. In den ungeheizten Räumen unserer Häuser war es auch nicht wärmer, also raus, Bewegung macht warm.

Unsere Versorgung mit Nahrungsmitteln und Brennstoffen blieb ungesichert. Die Menge der im Watt treibenden Eisschollen verhinderte immer noch den Schiffsverkehr. Zumindest erbeuteten wir vorübergehend Heizmaterial. Bei einbrechender Dunkelheit machten sich Gruppen von Männern mit Schlitten und Werkzeugen auf den Weg, um aus den Trümmern der Landungsbrücke und der Gleisanlage so viel Brennbares wie möglich zu bergen. Dies war zweifellos ein illegaler Akt; protokollieren wir ihn unter der Überschrift „Not kennt kein Gebot".

Am 22.03. musste die Royal Air Force noch einmal Brotmehl am Flugplatz abwerfen, und wie zuvor gingen etwa 20% der Säcke kaputt. Es ist eigentlich ein Wunder, dass nicht mehr platzten. Angeblich, so ist meine Erinnerung, war das Mehl in handelsüblichen Papiersäcken abgefüllt, darüber waren zwei Jutesäcke gezogen. Der Aufprall wurde durch die Schneedecke auf dem Flugplatz etwas gedämpft. Außerdem hatten die Säcke im Moment des Abwurfs die gleiche Geschwindigkeit wie die Flugzeuge und werden, am Boden ankommend, über den Schnee rutschend einen Teil ihrer Bewegungsenergie abgegeben haben. So kann man vielleicht das Wunder der rund 80% intakt gebliebenen Säcke erklären.

Am 01.04. meldet das Wasser- und Schifffahrtsamt Emden an die Verwaltung in Aurich, dass *im gesamten Regierungsbezirk alle Schiffsverbindungen zwischen dem Festland und den Inseln wieder aufgenommen worden sind.* Für Juist bedeutete das allerdings Personenverkehr und Frachtbeförderung unter erschwerten Bedingungen, wegen der zerstörten Landungsbrücke. Die Schiffe ankerten auf der Reede vor dem Ort. Wir Jüngeren erlebten nun das Ausbooten von Passagieren, wie es die Generation unserer Großeltern im 19. Jahrhundert kannte. Mit hochrädrigen Pferdefuhrwerken wurden Reisende abgeholt und auch zur Fähre gebracht.

Am 01.04.1947 wurde die Schulspeisung auf Juist eingeführt, eine auf Anregung des früheren amerikanischen Präsidenten Herbert C. Hoover täglich auszugebende Zusatzmahlzeit. Jeden Morgen vor Schulbeginn stellten wir Schulkinder uns zum Essenfassen an. In dem alten Geräteschuppen der Gemeinde, zwischen Haus Siebje und dem heutigen Lütje Teehuus gelegen, waren Kochmöglichkeiten geschaffen worden. Wahrscheinlich waren es Kochstellen im bewährten Format der *Gulasch-Kanonen*, ich weiß es nicht mehr. Sehr gut dagegen erinnere ich den Inhalt des aus unserer militärischen Vergangenheit herrührenden Kochgeschirrs (Aluminiumgefäß mit Deckel zum Überstülpen), wenn eine der drei Frauen, die für uns gekocht hatten, eine Kelle voll heißer Suppe eingefüllt hatte. Erbsensuppe oder Keks-Milchsuppe gab es im Wechsel mit Maisgrießsuppe. Einen halben Liter bekamen wir Jüngeren, dreiviertel Liter die Älteren. Viele löffelten ihren Topf schon auf dem Weg zur nahe gelegen Schule leer, andere warteten, bis sie ihren Platz im Klassenraum erreicht hatten. Ich lief damit nach Haus, da ich nur etwa 30 Meter entfernt wohnte. Dorthin kamen auch meine Vettern und Kusinen. Sie hatten schon den Weg von der Siedlung ins Dorf hinter sich und hätten eigentlich eine kleine Extraportion bekommen müssen. Die gab es natürlich nicht. Durchgewärmt und mit einem angenehmen Gefühl der Sättigung begannen wir dann mit dem Unterricht.

Wir hatten den zweiten Hungerwinter überstanden, wir hatten ihn überlebt, das war nicht selbstverständlich. Anfang März waren wir in einer verzweifelten Situation gewesen. Hunger und Kälte über einen längeren Zeitraum ertragen zu müssen ist eine starke physische und psychische Belastung; manche Menschen halten das nur eine begrenzte Zeit aus. Hätte uns die Royal Air Force nicht mit Brotmehl versorgt, hätten die Schwächsten unter uns vermutlich nicht überlebt. Wir haben in späteren Jahren noch manchen Eiswinter ohne Schiffsverbindung erlebt; wenn es ganz eng wurde, versorgten uns dann die Amerikaner mit ihren fliegende Güterwagen genannten Transportflugzeugen. Sie warfen tonnenschwere „Verpflegungsbomben" an Fallschirmen ab.

Die Eisschollen im Watt und am Strand wurden mit jeder Tide weniger, der Ebbstrom zog sie größtenteils in die offene See. Wir hatten nun wieder regelmäßige Schiffsverbindungen zum Festland, aber die fehlende Landungsbrücke war eine erhebliche Hürde beim An- und Abtransport von Menschen und Waren. War das Einschiffen und Ausbooten von Passagieren vor allem lästig und unbequem, so stellte insbesondere das Entladen der Frachtschiffe die Fuhrunternehmen vor große Probleme. Auch die Frachtschiffe ankerten ja auf Reede, und jede Tonne Lebensmittel, Kohle, Torf usw. musste mit Pferdefuhrwerken zur Insel geschafft werden. Die Tiere standen dabei zeitweilig im

Wasser, weil man so lange wie möglich entladen wollte. Wie wir Menschen hatten auch sie einen Hungerwinter hinter sich und konnten nicht voll belastet werden. Das Entladen der Schiffe war sehr zeitaufwendig, und besonders der dringend benötigte Kohlenachschub schleppte sich hin, da die Pferdefuhrwerke nur begrenzte Mengen an Land schafften. Die Lage verbesserte sich, als zwei Traktoren angeschafft werden konnten, die den größten Teil der bisher von den Pferden erledigten Arbeit übernahmen. Wir nannten sie übrigens Molotow und Chamberlain. Warum der damals noch amtierende sowjetrussische Außenminister und der inzwischen bereits verstorbene ehemalige britische Premier zu Namenspaten unserer Traktoren wurden, kann ich nicht erklären. Aber ich wusste schon damals, wer diese Personen waren, zumindest, dass der eine Russe war und der andere ein Brite. Natürlich wusste ich auch, welcher Traktor welchen Namen hatte. Und so konnte es sein, dass ich zuhause erzählte, Molotow habe vorhin zwei aneinandergekoppelte Anhänger mit Kohle an Land gebracht.

Das lästige Einschiffen und Ausbooten von Passagieren mit Hilfe der hochrädrigen Fuhrwerke machte der Verwaltung große Sorgen. Schließlich rüstete man für eine neue Saison, hoffte auf viele Badegäste, wie man damals noch zu den Touristen sagte. Überlegungen für einen behelfsmäßigen Schiffsanleger mit Gleisanschluss wurden mit der Reederei Frisia diskutiert. Es gelang der Reederei, von der Militärregierung eine ausreichende Materialmenge bewilligt zu bekommen. Auch verwendbare Reste des zerstörten Anlegers wurden eingesetzt. Es wurde Mitte Juli, bis der behelfsmäßige Anleger in Betrieb genommen werden konnte. Bis dahin liefen Ankunft und Abreise aller Personen in der bereits erwähnten Weise per Pferdefuhrwerk. Wir Kinder schauten uns das Spektakel mit Vergnügen an, wenn neue Badegäste angelandet wurden. Nach meiner Erinnerung gab es nur 5 bis 6 hochrädrige Fuhrwerke, die nahmen etwa 6 Passagiere pro Fuhre mit, einschließlich Handgepäck. Das Ausbooten zog sich also hin, auch wenn die alte Frisia VI kaum mehr als 200 Personen befördern konnte. Für Ungeduldige, die es kaum erwarten konnten, die Insel zu betreten, gab es ein Alternativangebot. Juister, die ein Boot hatten, übernahmen gegen ein kleines Entgelt den Transport zur Insel. Allerdings blieben immer noch so 20 bis 30 Meter, die zu Fuß durchs Wasser zurückgelegt werden mussten. Also Schuhe aus, Socken aus, Hosenbeine aufgekrempelt oder Kleider bis über die Knie gerafft und dann mutig ins Wasser. Wer sich das nicht antun wollte, konnte sich auch huckepack an Land tragen lassen, gegen Bezahlung natürlich. Das erfolgte oft genug mittels der damals sehr verbreiteten „Zigarettenwährung". Ein bis zwei Zigaretten musste man schon springen lassen, wollte man nasse Füße vermeiden. Nie werde ich das Bild des *feinen* Herrn vergessen, der sich mit Hut, in Anzug und Krawatte und Aktentasche in der Hand an Land tragen ließ. Möglicherweise war es ihm unangenehm mit aufgekrempelter Hose und Schuhen in der Hand festen Boden zu betreten; so wie er gekleidet war hätte es lächerlich aussehen können, aus seiner Sicht. Für uns Kinder wirkte er jedoch auf dem Rücken seines Trägers hängend viel lächerlicher. Wir kommentierten es, auf Plattdeutsch natürlich, und leider war dem feinen Pinkel nicht klar, dass unser Lausbubengelächter ihm galt.

Trotz dieser Reiseerschwernisse ließen sich viele Stammgäste und andere nicht von der Fahrt zur Insel abhalten. Über 14.000 Gäste zählte Juist im Sommer 1947. Das war weit entfernt vom Vorkriegsstand, aber eine Mut machende Entwicklung. So wurde denn auch bereits gegen Jahresende der Neubau eines Schiffsanlegers in Auftrag gegeben, der allerdings erst im Mai 1949 die als Notbehelf errichtete Brücke ersetzen konnte. Dieser neue Schiffsanleger blieb bis zur Fertigstellung des Juister Hafens 1983 in Betrieb.

Ich hatte übrigens auch Gelegenheit mit hochrädrigem Pferdefuhrwerk zum Fährschiff gebracht zu werden und später wieder an Land. Zu Pfingsten fuhren Mutter und ich nach Norddeich und trafen dort meinen Vater. In den ersten Kriegsjahren hatte ich ihn zuletzt gesehen. Nichts erinnerte mich an den gut gekleideten Herrn mit Hut und Mantel, der mich nun mit Schwung auf den Arm nahm. Mit dem Zug fuhren wir nach Norden, besuchten den Pfingstmarkt, eine unglaubliche Attraktion für ein Inselkind direkt nach dem Krieg. Ich durfte mehrmals Karussell fahren und wir besuchten einen Circus. Später ging es in ein Café oder eine Gastwirtschaft. Meine Eltern besprachen Einzelheiten zu ihrer bevorstehenden Scheidung. Mutter hatte leider etwas zu spät gemerkt nicht den Partner geheiratet zu haben, an dessen Seite sie alt werden wollte und bereits während des Krieges die Scheidung beantragt. Für mich blieb mein Vater ein Fremder, mit dem ich bis zu seinem Tod brieflich in Verbindung stand.

-1948/49-

Im Februar oder Anfang März 1948 nahm ich mit dem Schulchor erstmals an einer Feierveranstaltung zum Volkstrauertag teil *(Anmerkung des Autors: Erst Anfang der 50er Jahre legte man diesen Tag in den Monat November)*. Wir sangen das Lied vom guten Kameraden und es wurden Ansprachen gehalten. Wie nahe unsere unselige Vergangenheit noch war, zeigte sich am Auftritt des alten Tischlermeisters Tjark W. Mit Weltkrieg I-Stahlhelm auf dem Kopf hielt er mit Donnerstimme eine Ansprache, die er mit den Worten „Heldengedenktag, Volkstrauertag" einleitete. Der Volkstrauertag, nach dem ersten Weltkrieg als Gedenktag für die gefallenen deutschen Soldaten vorgeschlagen, wurde von den Nazis 1934 in Heldengedenktag umbenannt. Heldenverehrung und Heldentum waren vielen Deutschen 1948 längst vergangen, aber der alte Tischlermeister, Weltkrieg I-Veteran, war noch nicht in der neuen Zeit angekommen. Mir jedenfalls ist er mit der Wucht seiner Stimme und dem Stahlhelm auf dem Kopf in Erinnerung geblieben.

Das bedeutsamste Ereignis des Jahres 1948 war für uns die Währungsreform. Ab dem 20. Juni wurden die neuen Scheine ausgegeben, 40,- DM pro Kopf. Es gab sogar Zweimarkscheine, Einemarkscheine und sogar Einhalbmarkscheine, die später wiederaufgegeben wurden, als ausreichend Münzen im Umlauf waren. Ich weiß es deshalb noch so genau, weil ich, gelegentlich zum Einkaufen geschickt, diese Scheine in einem kleinen Portemonnaie mitbekam, um Kleinigkeiten zu kaufen. Im Kolonialwaren- und Delikatessenladen von Altmanns konnte man für gutes Geld nun wieder manches bekommen, was lange Zeit allenfalls auf dem Schwarzen Markt erhältlich war, Kolonialwaren aber wohl nicht. Mir ging es übrigens wie vielen Kindern damals, wir glaubten, Kolonialwaren sei ein anderes Wort für Lebensmittel. Was es bedeutet, lernten wir erst im Geschichtsunterricht. Zu Altmanns ging ich gern, es roch so geheimnisvoll nach Lebensmitteln und Gewürzen. Egal ob Mehl, Salz, Zucker oder Nudeln, alles wurde abgewogen. Für kleinere Mengen gab es noch die Spitztüten, für die auf den Waagen eine Haltevorrichtung angebracht war. Für Marmelade, Gewürzgurken, Salzheringe etc. brachte man eine Schale mit, die von Ria zunächst gewogen wurde, bevor sie mit dem Löffel aus dem großen Eimer Marmelade einfüllte oder mit der hölzernen Zange Gewürzgurken oder Heringe aus dem Steintopf nahm. Ach, Ria, wegen ihr ging ich besonders gerne einkaufen. Freundlich lächelnd, immer mit blendend weißer gestärkter Schürze stand sie hinter der Ladentheke. Wie gerne sah ich ihr zu, wenn sie beispielsweise 250 Gramm Zucker in eine Spitztüte füllte. Zunächst wurde das Gros der gewünschten Menge an der Zuckerschublade eingefüllt, die Tüte dann in den dafür vorgesehenen Halter der Waage gestellt und aufgefüllt. Den Blick fest auf die Skala gerichtet, die Schaufel mit dem

Zucker in der rechten Hand und mit dem Zeigefinger auf den Schaufelgriff klopfend ließ sie gekonnt die noch benötigte Zuckermenge in kleinsten Portionen in die Tüte rieseln, bis der Zeiger den gewünschten Wert anzeigte. Ich schaute nicht auf die Waage, die ja auch auf der Kundenseite eine Anzeige hatte, ich schaute auf Ria. Ja, und auch wenn ich es nicht mehr ganz sicher weiß, ich lebte in der Vorstellung, Ria eines Tages zu heiraten. Allerdings, Ria war 12 Jahre älter als ich, eine nicht unbeträchtliche Hürde für mein Vorhaben. So kam es denn, dass Ria eines Tages im weißen Brautkleid aus der Kirche schritt, am Arm eines stattlichen Bajuwaren, der sie in seine süddeutsche Heimat entführte.

Ria hatte ich verloren, aber im Mühlespiel gewann ich in diesem Sommer 1948 sehr oft. Hans Otto, ein Kurgast aus Köln und doppelt so alt wie ich, war mein Partner in der Auseinandersetzung auf dem Brett. Ich beherrschte dieses Spiel sehr gut, wusste meine Steine schon beim Aufstellen so geschickt zu positionieren, dass Hans sich fast immer in 8 von 10 Spielen geschlagen geben musste. Als sich seine Siegesbilanz auch nach einigen Tagen nicht besserte, drehte er das Spielbrett um und schlug vor, zur Abwechslung Dame zu spielen. Vom Dame-Spiel kannte ich nur die Regeln, hatte es fast nie gespielt und so war es für Hans ein Leichtes, mich nach Belieben zu schlagen. Von da an spielten wir im Wechsel Mühle und Dame, hatten beide unsere Erfolgserlebnisse und lernten beide dazu. Lernten wir dabei nicht auch, wie Demokratie funktioniert? Sich messen im ehrlichen Ideenwettstreit, Kompromisse eingehen bzw. nachgeben, damit auch der andere zu Erfolgen kommt, und sich immer wieder gemeinsam an den Tisch setzen, obwohl man auch das so langweilige Spiel spielen muss, bei dem meistens der Andere gewinnt? Doch, das sind schon Merkmale der Demokratie, die Staatsform, in die wir nun hineinzuwachsen begannen. Als unser Sommer sich neigte, begann der Parlamentarische Rat in Bonn über ein Grundgesetz zu beraten. Am 23.

Mai 1949 wurde es verkündet, am 14. August folgte die erste Wahl des Deutschen Bundestages, der wie auch der Bundesrat am 7. September 1949 seinen Betrieb aufnahm.

Wir Schüler wurden von unseren Lehrern über die sich vollziehende Entwicklung informiert, und die Verkündung des Grundgesetzes war Anlass für eine kleine Feierstunde. Über eine neue Nationalhymne hatte man sich noch nicht verständigt, und so hatten wir das sogenannte Bundeslied einstudiert, „Brüder reicht die Hand zum Bunde ...", alle drei Strophen natürlich. Später lernten wir auch noch das von unserem ersten Bundespräsidenten als neue Hymne favorisierte Lied „Land des Glaubens, deutsches Land, Land der Väter und der Erben ..." dessen zweite Strophe mit dem Satz „...ob die Wetter, ob die Wogen über dich hinweggezogen, ob die Feuer dich verbrannt, ..." einen aktuellen Bezug zu unserem in der Nazi-Zeit und den Kriegsjahren geschundenen Vaterland herstellte. Auch in diesem Fall mussten wir alle drei Strophen lernen. Schließlich einigten sich Bundeskanzler Adenauer und Bundespräsident Heuss auf die dritte Strophe des alten Deutschlandliedes; die hatten wir dann schnell gelernt.

Für die Juister war die Inbetriebnahme des neuen Schiffsanlegers im Mai 1949 zweifellos das herausragende Ereignis. Endlich kein Behelf mehr. In gewisser Weise markierte die Fertigstellung der neuen Anlage auch ein Ende der schlimmsten Nachkriegsjahre. Der Aufbruch in eine neue Zeit fand sichtbaren Ausdruck in diesem Bauwerk. Auch im Ort gab es erste Bauvorhaben, der Blick war nach vorne gerichtet, insbesondere für uns Kinder, die wir außer Krieg und Nachkriegselend noch nicht viel erlebt hatten. Aber wir fühlten uns nicht benachteiligt, kannten wir doch keine andere Welt. Verglichen mit Kindern, die in zerbombten Großstädten aufwuchsen, lebten wir sogar in einem relativ intakten Umfeld. Waren wir nicht sogar privilegiert? Mit

Strand, Dünen und Watt hatten wir ein fast grenzenloses Spielgelände. Ja, gerade das Watt bot viele Möglichkeiten, sich zu betätigen. Wir bauten uns Prahme, kleine Flöße, mit denen wir im seichten Wasser verhältnismäßig gefahrlos „zur See fahren" konnten, prahmjen nannten wir es. Einige besonders beneidete Jungens besaßen sogar kleine Aluminium-Boote, hergestellt aus Minensuchgerät oder den Zusatztanks abgeschossener Flugzeuge. Wir gruben Wattwürmer aus, die wir auf Haken zogen, angelten, und wenn wir Glück hatten, brachten wir einige Schollen mit nach Haus. Oft genug gingen wir leer aus, es waren Krebse, die uns die mit einigem Aufwand ausgegrabenen Würmer von den Haken fraßen.

Die Dünen, sie lagen vor unseren Haustüren, waren Spielgelände und Rückzugsort zugleich. Dort waren wir in gewisser Weise unsichtbar für die Erwachsenen, wenn wir etwas ausprobieren wollten. Ein Feuer machen beispielsweise, um dann Kartoffeln am Stock zu rösten oder gefangene Fische, die wir auszunehmen verstanden, zu grillen. Das ging meistens schief, weil wir die Technik noch nicht beherrschen, und es stank entsetzlich wenn die Fische schwarz wurden. Viel gefährlicher waren jedoch unsere Ausflüge zu den gesprengten Bunkern, die die auf den Dünen installierten Flak-Stellungen miteinander verbunden hatten. Die Organisation Todt hatte Unmengen Beton verbaut, der nun in Form von schiefstehenden Wänden und an Stahlgeflecht herabhängenden Deckenteilen nach und nach vom Dünensand geflutet wurde. Es war weniger die Gefahr abstürzender Betonteile, die wir fürchten mussten, sondern das Risiko, unter plötzlich einbrechenden Sandmassen begraben zu werden. - Es ist nie etwas passiert. Am gefährlichsten war zweifellos der Umgang mit Munition, die, wie nach allen Kriegen, auch auf Juist zu finden war. Noch jahrelang hatte ich den Geruch von abbrennendem Stangenpulver in der Nase, mit dem man lange „Zündschnüre" legen konnte, um an deren Ende etwas in Feuer aufgehen zu lassen oder zum Explodieren zu bringen.

Wir konnten zwischen englischen und deutschen Zündern unterscheiden, erst Jahre später fragte ich mich, wieso einzelne Zünder zu finden waren. Das Wissen wurde zweifellos von den größeren Jungens vermittelt; meistens hatte irgendeiner aus unserer Gruppe einen älteren Bruder. Nur einen Unfall beim Hantieren mit Munition hat es in den Nachkriegsjahren auf Juist gegeben. Der damals siebzehnjährige Siegfried Scheffler hat eine Hand dabei verloren.

Vom Strand war bisher noch nicht die Rede. Es mag Festlandbewohner überraschen, aber der Strand war für uns kein Spielfeld. Natürlich, im Sommer badeten wir in der See oder spielten auch mit den Kindern von Gästen, aber das machte auf das Jahr gesehen nur einen geringen Anteil unserer Freizeitaktivitäten aus. Später allerdings, als wir Jungens schon im Stimmbruch waren, gingen wir häufiger zum Strand, um den jugendlichen Damen unter den Gästen beim Sonnenbaden zuzuschauen; vielleicht auch, um sie mit unseren Schwimm- und Tauchkünsten in der Brandung zu beindrucken?

Sonst war der Strand nur zum Strandjen vorgesehen; das passierte jedoch eher außerhalb der Sommersaison. In der nachfolgenden Geschichte werde ich davon erzählen, möchte dabei auch einen realistischen Blick auf diese Tätigkeit lenken. Viele Geschichten über das Strandjen zeugen eher von der Phantasie ihrer Erzähler und deren Bedürfnis, Menschen aus dem Binnenland etwas Aufregendes zu berichten. Es handelt sich um die Strandjer-Variante des Seemannsgarns, dem man auch gern die Geschichte von Jona zuschreibt, der von einem Wal verschluckt und nach drei Tagen wieder an Land ausgespien wurde. Diese Geschichte ist allerdings biblischen Ursprungs.

Strandjen

Gestern wehte es kräftig aus Nord-Nordwest, in Böen 6 bis 7 Windstärken. Der Binnenländer spricht dann von Sturm, der Küstenbewohner von einer steifen Brise. Insulaner sagen dann: „Is Strandje-Weer". Sie spüren es förmlich im Blut, dieses Wetter. Wehte es nachmittags noch aus südwestlicher Richtung, dann spürt der richtige Insulaner, wenn der Wind abends oder nachts auf Nord dreht. Das Geräusch der rappelnden Fensterläden hat sich möglicherweise geändert und der Ton des an der Hausecke pfeifenden Windes ist nicht mehr der gleiche. Unruhe erfasst den Strandjer. Es ist zwar schon fast dunkel, aber sollte er nicht doch einen kurzen Abstecher zum Strand machen? Ärgerlich, wenn ausgerechnet der Nachbar, der seine Nase immer in den Wind hält, ein interessantes Stück vom Strand mitbringen würde.

„Strandjen", ein niederdeutscher Ausdruck, beschreibt kurz und knapp eine Tätigkeit, die darin besteht, den Strand nach (brauchbarem) Strandgut abzusuchen. Das ist eine spannende Sache. In gespannter Erwartungshaltung steigt man die Düne empor, erreicht schließlich einen Punkt, der den Blick auf den Strand freigibt, und sieht – zunächst einmal nichts. Nun, man sieht natürlich, eher beiläufig, die sich endlos vor einem ausbreitende See und insbesondere den Strand, der sich kilometerweit nach Osten wie nach Westen erstreckt. Zumindest wenn man auf der Insel Juist wohnt, wo der Ort etwa in der Inselmitte liegt. Der Strand, genauer gesagt der Spülsaum des Strandes ist es, dem die ganze Aufmerksamkeit des *Strandjers* gehört. Dort könnte die See etwas angelandet haben, was sich verwerten lässt. In den Nachkriegsjahren ging es dabei fast ausschließlich um Holz. Hochwertigere Dinge, die gelegentlich nach Schiffsuntergängen angespült wurden, waren reine Glückssache und auch meldepflichtig. Wer großes Glück hatte, fand vielleicht einmal im Leben ein Fässchen

mit gesalzener Butter oder Schmalz, und wenn man dabei ganz großes Glück hatte, war es auch nicht oder kaum verdorben. In Kriegs-
und Nachkriegszeiten war so ein Fund mehr wert als ein Bündel Bank-
noten, für die man eh nichts kaufen konnte. In jenen Jahren war auch
Kriegsgerät keine Seltenheit. Munitionskisten zum Beispiel, teilweise
noch mit Restinhalt, oder Wrackteile abgeschossener Flugzeuge
konnte man noch jahrelang entdecken. Die unermüdlich gegen die Insel anrollende See schob es vor sich her, schmiss uns gewissermaßen wieder vor die Füße, was wir Menschen hineinfallen lassen hatten. Das gefährlichste Strandgut waren Treibminen, die den Krieg un-
beschadet überstanden hatten, das grausigste waren Leichen. Ende
Juli 1940, nach der Tragödie von Dünkirchen, trieben neben viel anderem Strandgut fast 70 Leichen an, die auf dem Inselfriedhof bestat-
tet wurden.

Eine meiner Strandje-Touren ist mir in besonderer Erinnerung geblieben. Am Vortag hatte es gestürmt, jetzt war der Sturm abgeflaut,
die Sonne schien. Ich fuhr mit dem Rad bei Flut zum Ostende der
Insel und bin mehr gelaufen als gefahren, weil man bei Flut am Strand
keinen ausreichend festen Untergrund vorfindet. So hatte ich mein
Rad über weite Strecken schieben müssen. Meine Überlegung war,
noch bei Flut beziehungsweise bei gerade einsetzender Ebbe das Inselende zu erreichen, um mit dem ablaufenden Wasser dann heim-
wärts gehend den Spülsaum nach Holz abzusuchen. Ich war bereits
auf dem Hinweg erfolgreich. Die Ostspitze mag noch anderthalb Kilometer entfernt gewesen sein, als ich ein mehrere Meter langes Brett
im Wasser treiben sah. Fette Beute. Mit einer Brandungswelle wurde
es zum Strand hinaufgeschoben, aber das anschließend wieder ab-
laufende Wasser zog es mit sich, und die in West-Ost-Richtung ver-
laufende Strömung sorgte dafür, dass es sich von meinem Standort
entfernte. Rasch entledigte ich mich meiner Schuhe und Strümpfe und
krempelte die Hosenbeine auf. Dieses prachtvolle Stück sollte mir

nicht entgehen. Ich hatte Glück. Während ich durch das Wasser auf das Brett zuwatete, schob eine neue Welle es wieder auf den Strand und ich musste nur noch zupacken und festhalten. Das Wasser flutete zurück und hatte den Fremdkörper mit meiner Hilfe nun endgültig ausgespuckt. Ich hob das Brett an einem Ende an und zog es weiter den Strand hinauf, um es sicher vor dem erneuten Zugriff der See zu schützen. Dann lief ich zurück, holte mein Fahrrad und legte es direkt neben mein prachtvolles Stück Strandgut. Über vier Meter lang maß das Brett, etwa dreißig Zentimeter breit und drei Zentimeter dick (mein Großvater hat es später nachgemessen), eine richtige Planke, wie wir damals so ein Stück Holz nannten. Ich hob es wieder an einem Ende hoch, bewegte mich einen Schritt seitwärts und legte es dann auf das im Sand liegende Rad. Mit dem anderen Ende verfuhr ich ebenso, anschließend schob ich es so hin, dass beide Enden des Brettes etwa gleichweit über Vorder- bzw. Hinterrad hinausragten. Nun musste es nur noch mit dem dünnen Tau, das ich dabei hatte, am Fahrradrahmen festgebunden werden. Als das vollbracht war, ruhte ich mich erst einmal aus. Das nasse Holz war schwer, ich hatte mich schon etwas plagen müssen, schließlich war ich damals etwa 12 oder 13 Jahre alt. Das Schlimmste stand mir jedoch noch bevor. Nach längerer Verschnaufpause - ich wartete auch auf den sichtbaren Effekt der Ebbe - machte ich mich wieder an die Arbeit. Das Rad mit seiner Last musste aufgerichtet werden. Die Planke war an der rechten Radseite befestigt. Denn ein Rechtshänder geht normalerweise an der linken Seite, wenn er sein Rad schiebt. Ich versuchte das Rad an Lenkstange und Sattel hochzuziehen, kam aber über einen bestimmten Punkt nicht hinaus. Nach mehreren vergeblichen Versuchen musste ich verschnaufen. Enttäuscht machte ich mich bereits mit dem Gedanken vertraut, das prachtvolle Stück Holz zurücklassen zu müssen. Das wollte ich auf keinen Fall. Instinktiv tat ich dann das einzig Richtige, rückte näher an das Rad heran und wuchtete es ein Stück weit nach oben. Jetzt konnte ich es in dieser Lage einen Moment festhalten, näher heranrücken und mit vollem Körpereinsatz aufrichten. Geschafft, jedoch wäre das aufgerichtete Rad mir fast wieder entglitten. Das Gewicht der schweren Planke mit ihrem außermittigen liegenden Schwerpunkt zog das Rad in die andere Richtung. Ich schaffte es, die Balance zu halten, das Rad mit leichter Neigung zu mir hin in eine stabile Position zu bringen und es anzuschieben. Ein größeres Problem bestand jedoch darin, dass die Planke die Lenkung behinderte und nur noch kleinste Steuerbewegungen des Vorderrades zuließ. Das kannte ich, wusste damit umzugehen. Ich lief los, erreichte mit einer weiteren Kraftanstrengung den trockengefallenen Teil des Strandes, auf dem es sich leichter fahren ließ, und marschierte nun guten Mutes in Richtung Westen. Noch keine hundert Schritte war ich gelaufen, als ich nicht weit entfernt einen länglichen dunklen Strich im Spülsaum entdeckte. Dieser Anblick lässt das Herz eines jeden Strandjers höher schlagen, denn es bedeutet fast immer ein Brett. Das Stück war meins. Sehr weit entfernt sah ich einen Menschen, weit genug weg, um keine Chance zu haben, mir die Beute streitig zu machen. Ich will den Fortgang der Ereignisse etwas geraffter erzählen, einen ersten Einblick in Freud und Leid des Strandjers habe ich ja bereits vermittelt. Knapp eine Viertelstunde brauchte ich, um auch das neue Brett zu bergen und am Rad zu befestigen. Es war kürzer und viel leichter als die Planke, aber auch ein schönes Stück Holz. Als ich mein Rad schließlich wieder in Bewegung setzte, war ich in Hochstimmung, doch bereits nach wenigen Schritten blieb ich abrupt stehen. In etwa 200 Meter Entfernung sah ich, noch teilweise im Wasser liegend, einen größeren, kugelförmig wirkenden schwarzen Gegenstand. Eine Mine war mein erster Gedanke. Eigentlich sollte es diese Teufelseier gar nicht mehr in der Nordsee geben. Ich erinnerte mich gut an die Räumaktion, die wenige Jahre zurücklag. Deutsche Minenräumkommandos waren von der britischen Militärregierung eingesetzt worden, um diese Pest der Meere, Relikte des zweiten Weltkrieges, zu beseitigen. Sie stellten eine ständige Gefahr für die Schifffahrt dar. Immer wenn die Räumer in einiger Entfernung von der Insel eine aufgespürte Mine zur Explosion brachten, wurde durch die entstehende Druckwelle ein merkwürdiges Geräusch ausgelöst. Für mich hörte es sich so an, als wenn eine große Stahlkugel unter der Insel hindurch rollen würde.

Was sollte ich tun, konnte ich riskieren, in einigem Abstand an dem Ding vorbei zu laufen? War es überhaupt eine Mine? Ich wusste einiges über Minen. Die Wahrscheinlichkeit, dass die ruhig am Strand liegende Mine explodieren könnte, war gering, aber so nüchterne Erwägungen konnte ich in dem Moment gar nicht anstellen. Das Ding war einfach unheimlich und ich beschloss, erst einmal zu den Dünen auszuweichen. Es war sehr anstrengend, das schwer beladene Rad durch den weichen Sand zu schieben und es dabei auch noch in der Balance zu halten. Mehrfach drohte das Rad zu kippen und nur unter größten Anstrengungen bewerkstelligte ich die Strecke bis an den Fuß der Dünen. Ich war in Schweiß gebadet, als ich dort ankam, ließ das Rad einfach fallen, lief hinter eine kleine, vorgelagerte Düne und schmiss mich der Länge nach in den Sand. Hier fühlte ich mich sicherer. Als mein Pulsschlag sich wieder normalisiert hatte, schob ich mich bis zur Kuppe der niedrigen Düne hinauf und spähte durch die dort wachsenden Strandhaferbüsche hindurch zum Strand. Das schwarze Ding war noch da, wirkte aber aus dieser Entfernung nicht mehr so bedrohlich. Weiter im Westen bemerkte ich zwei Radfahrer, die in meine Richtung fuhren. Gespannt wartete ich auf Ihre Reaktion. Es dauerte nicht lange, bis beide anhielten. Sie standen eine Weile und diskutierten offenbar über das Strandgut. Dann wendeten sie und fuhren zurück. Wahrscheinlich waren sie ebenfalls zu der Meinung gelangt, dass es sich um eine Mine handeln könnte. Im ersten Moment kam ich mir sehr alleingelassen vor. Dann fasste ich einen Entschluss.

Ich würde das Holz hier zurücklassen und dann nach Hause fahren. Es war mir immer noch etwas mulmig zu Mute, als ich meine Deckung verließ und auf mein Rad zuging. Bloß nicht mehr zum Wasser hinschauen. Schnell das Tau gelöst, die Bretter hinter die kleine Düne geschleppt, mit Sand abgedeckt und nichts wie weg. Ich nahm nicht, wie zunächst geplant, den Weg nach Osten, um die Ostspitze herum, sondern schob das Rad durch die Dünen. Als ich den Weg erreichte, der den Ort mit dem Flugplatz verbindet, konnte ich wieder aufsteigen und war dann auch schnell zuhause. Den Rest der Geschichte werde ich abkürzen. Die Nachricht, dass eine Mine angeschwemmt worden sei, hatte die verantwortlichen Stellen schon erreicht. Am frühen Abend gab es jedoch Entwarnung, es handelte sich um eine Boje, die sich losgerissen hatte. Damals, wenige Jahre nach Kriegsende, konnte ein „kugelförmiges schwarzes Ding" am Strand die Menschen beunruhigen, ja sogar in Angst und Schrecken versetzen. Heute käme keiner mehr auf die Idee, bei seinem Anblick davonzulaufen. Gott sei Dank!

Am nächsten Tag fuhr ich bei einsetzender Ebbe zu meinem Holzversteck. Alles begann wieder von vorn. Holz ausbuddeln, schleppen, vertäuen, Rad hoch wuchten, schieben bis zum dem Aufgang vor dem Ort, der meinem Zuhause am nächsten lag. Dann Holz wieder vom Rad nehmen, Rad bis zur Strandpromenade hochschieben, Holz nach oben schleppen, wieder am Rad befestigen, Rad hoch wuchten und schieben. Nun befand ich mich zwar auf einer gepflasterten Straße, hatte es aber keineswegs leichter. Denn nun ging es wieder nach unten und ich musste alle Kraft aufbieten, um das schwer beladene Rad, das sich kaum lenken ließ, sicher die abschüssige Straße hinunter zu bugsieren. Mein Fahrrad verfügte über keine gut funktionierende Handbremse, sondern nur über die Rücktrittbremse, die wirkungslos bleibt, wenn man sein Fahrrad schiebt.

Immerhin hat die Plackerei mir Lob eingebracht. Wozu mag es noch gut gewesen sein? Nun, es kräftigt die Muskeln und man lernt ein Ziel zu erreichen, auch wenn man fast daran kaputt geht. Der Wille, das kostbare Gut gegen die Konkurrenz in seinen Besitz zu bringen und es dann mit großer Mühe nach Hause zu schaffen, ist durchaus prägend. Übrigens, was die Konkurrenz betrifft muss man wissen, dass es keineswegs immer so einfach war, wie von mir beschrieben. Oft genug musste ich rennen beziehungsweise kräftig in die Pedale treten, um ein von mehreren begehrtes Stück Strandgut zu ergattern. Die Regel ist, wer zuerst da ist, dem gehört es.

Sommerabend

Der wunderschöne, milde Spätsommerabend hatte mich noch einmal vor die Tür gelockt, obwohl es mir heute an frischer Luft nicht mangelte. Ich holte dich ab, nahm deine Hand und erklomm mit dir die hohen Stranddünen und führte dich zunächst an die Stelle, von der aus man nach Süden, über das Watt, zum Festland und nach Norden, über den Strand, auf die Nordsee schauen kann. „Schau" sagte ich zu dir „hier bin ich geboren, hier bin ich aufgewachsen und hierhin kehre ich von Zeit zu Zeit zurück, und wenn du mich ganz verstehen willst, dann musst du diese Natur, diesen schmalen Streifen seegeborener Landschaft mögen, wo der Lebensrhythmus der Menschen seit Jahrhunderten geprägt wird vom Wechsel der Gezeiten und vom Kampf gegen die Tücken der See. Mit einer Sandbank, von Seeströmungen geformt, hat es begonnen. Anfangs war sie nur bei Ebbe zu sehen, doch als die See nicht aufhörte Sand anzulanden blieb sie irgendwann auch bei Flut sichtbar. Der Wind strich über sie hinweg, nahm den Sand mit, trieb sein Spiel mit ihm. Doch hier und da blieb er liegen, staute sich auf an einem Stück angeschwemmten Holzes, oder an Muschelschalen, die bei einer Sturmflut zu Zehntausenden auf die Sandbank geworfen worden waren. Der Wind brachte Grassamen mit, warf ihn in den Sand, häufte Sand darüber und, oh Wunder, nach dem nächsten anhaltenden Regen begann der Same zu keimen, wusste. dass er nur überleben konnte, wenn es ihm gelang Wurzeln zu bilden und sich im Sand festzuhalten, kein leichtes Unterfangen in dem feinen flüchtigen Seesand. Aber es gelang, und wieder etwas später durchstießen die ersten zartgrünen Grashalme die über ihren Wurzel liegende Sandschicht, sorgten mit zunehmend kräftiger werdendem Wuchs ihrerseits für die Festigung der ersten noch flachen Dünen auf der Sandbank. Und auf gleiche Weise entstanden im Laufe der Jahre viele Dünen. Sie wurden höher und breiter, ließen aus der kleinen

Sandbank eine Insel werden, die ihre Gestalt veränderte durch zunehmende Breite und Länge, durch Höhe, Bewuchs und Form ihrer Dünen. Die See, die ihren Ursprung schuf, hat sich immer wieder ein Stück von ihr genommen, wie sie es bis heute hin tut. Sie hat nie aufgehört ihre Macht zu zeigen, hat ihren Mutwillen getrieben mit ihrer eigenen Schöpfung, die Insel fast in zwei Teile zerrissen als es ihr gefiel."

Wir verlassen unseren Aussichtspunkt, gehen zum Strand hinunter. Tiefe Ebbe. Vierhundertdreißig Schritte sind es vom Spülsaum der See bis zur Dünenkante und wenn ich meine mittlere Schrittlänge mit nur 60 Zentimetern ansetze, kommen stolze 250 Meter Strandbreite dabei heraus. Das sieht man nur an wenigen Tagen und auch nicht über die gesamte Strandlänge.

Es ist fast windstill, und man hätte erwarten können, dass die träge und flach heranrollenden Brandungswellen kaum ein Geräusch erzeugen, aber das Gegenteil ist der Fall. Ein nie versiegendes, kräftiges Rauschen begleitet uns auf unserer abendlichen Wanderung am Wasser entlang, dem Sonnenuntergang entgegen. Erst als nur noch ein schwacher purpurfarbener Lichtschein über dem nordwestlichen Horizont die Stelle anzeigt, wo die Sonne ihren Tageslauf beendet hat, kehren wir um, gehen zurück, bis wir dort ankommen, wo wir die Dünen überquert haben, um an den Strand zu gelangen.

Wir erklimmen die Höhe, und du darfst dich mit Blick auf die See niederlassen, während ich aus dem Versteck unter den Holunderbüschen eine warme Decke, eine Flasche Sekt in der Kühltasche und zwei Gläser hole. Es dunkelt jetzt rasch und das erste Glas Sekt ist kaum getrunken, als am fernen Horizont Himmel und See in schwarzgrauer Eintracht verschmelzen. Hinter uns, im Südosten, beginnt der

Mond seine nächtliche Wanderung, die ersten Sterne werden sichtbar. Unsere Unterhaltung ist verstummt, es gibt nichts mehr was noch der Worte bedarf *...und nur die Sterne halten Wacht, nur zweier Herzen tiefes Schlagen und nur der Atemzug der Nacht.... (Th. Storm)*

Pferdeinsel

Die Nacht war vorüber. Ich wusste es nicht sofort, war irritiert von einem Geräusch wie das Klappern von Pferdehufen auf Pflastersteinen. Träumte ich das oder war es Realität? Pferde kommen nicht an unserem Haus vorbei. Ich versuchte die Augen zu öffnen. Fahles Licht fiel seitlich durch den Spalt zwischen Fenster und Rollo. Meine Augenlider zog es wieder nach unten, mein Kopf wollte den neuen Tag noch nicht akzeptieren. Das Hufgetrappel war immer noch da, und plötzlich der heisere Schrei einer Möwe. Es war kein Traum. Ich war auf Juist. Gestern Abend bei Dezemberdunkelheit und leichtem Nieselregen angekommen hatte mein Bewusstsein meinen Ortswechsel noch nicht ganz abgespeichert. – Ich blieb noch eine Weile liegen, horchte auf das leiser werdende Geräusch der Pferdehufe. Das Fuhrwerk war in Richtung Ortszentrum unterwegs. Das Trappeln von acht Pferdehufen im Schritttempo konnte ich leicht ausmachen. Fahren sie jedoch in Richtung Flugplatz, lassen die Kutscher die Pferde, die den „Bus" ziehen, im Trab laufen, wenn sie die langgezogene Steigung erreichen, dort, wo die Straße den Deich überquert. Auf diese Weise schaffen sie die erforderliche Antriebsenergie, um den Höhenunterschied zu überwinden.

Als ich gestern Abend ankam, nutzte ich auch diese Straße, den für mich kürzesten Weg, direkt unterhalb des Deiches, An't Dikskant genannt, *An der Deichkante* also. Ich nenne sie Hauptrossapfelallee, denn es ist die Hauptfahrstraße der Pferdefuhrwerke und sieht entsprechend aus. Die Fuhrwerke, die mit „Hafermotor" betrieben werden, hinterlassen zwar keine Abgase - wenn man die Darmdämpfe der Rösser vernachlässigt - aber ihr ökologisch wertvolles Verdauungsprodukt garniert die Straßen. Innerhalb des Ortes sind deshalb während der Hauptsaison immer zwei Gemeindebedienstete mit dem Einsammeln dieser Produkte beschäftigt. Auch die Nebenstrecken bleiben nicht ohne Pflege und selbst in der Nebensaison wird noch recht ordentlich gekehrt. In der sogenannten „Übrigen Zeit" jedoch wird mit reduziertem Aufwand gepflegt. Dafür bezahlt man dann auch keine Kurtaxe. Und hat das ökologisch wertvolle Produkt an den Schuhen und den Kofferrollen, wenn man frühmorgens oder abends bei Sparbeleuchtung vom oder zum Hafen wandert, den Kopf gegen den Wind gestemmt. Der kam an diesem Dezemberabend zunächst aus Nordwesten, brachte genügend Wasser in die Schifffahrtswege und trieb uns in einer Stunde und zehn Minuten nach Juist. An Bord waren mehrheitlich Insulaner. Ich bin übrigens auch ein Insulaner, und Juister, denn ich bin auf der Insel geboren und aufgewachsen. Wer dort heute „nur" lebt, aber nicht dort geboren wurde, ist „nur" Juister. Genaugenommen bin ich nur noch Insulaner, denn ich lebe ja nicht mehr auf der Insel; vielleicht aber nicht einmal mehr das, ich müsste mich mal erkundigen. Aber ich bin der Insel immer noch verbunden, nicht nur, weil meine Mutter noch dort lebt. Ja, und trappelnde Pferdehufe, der Schrei der Möwe und das Rauschen der Brandung sind die prägenden Geräusche meiner Kindheit. Ich hörte sie tagaus, tagein. Die Insel ist das Stück Erde, das ich als Heimat bezeichne; dort, wo ich wohne und lebe, ist mein Zuhause.

Von See und Sand

Im Februar 1962 erlebte die Nordseeküste eine gewaltige Sturmflut. Im Raum Hamburg kamen über dreihundert Menschen ums Leben. Juist hatte kein Menschenleben zu beklagen, zumindest nicht als
direkte Folge des Sturms. Aber Juist musste erfahren, welche Urge-
walten entfesselt worden waren. Wenige Tage nach der Sturmflut fuhr
ich zur Insel. Am Kalfamer, dem östlichen Inselende, gab es die auf
dem Strand entstandenen bewachsenen Dünen nicht mehr. Die
Sturmflut hatte sie als Spülsand in das zwischen Juist und Norderney
liegende Seegat verschoben. Ich konnte es nicht fassen. Dort, wo
über Jahrzehnte Dünen gewachsen waren, gab es nur noch flachen
Sandstrand. – Jetzt, Jahrzehnte später, haben See und Wind wieder
neue Dünen geschaffen.

Wieder ein paar Tage auf der Insel, bei Mutter, und auch wieder
ohne dich, die das Haus hütet. Heute Nachmittag habe ich auf die
Teestunde mit Mutter verzichtet, habe dich in Gedanken mitgenommen und bin nach Osten marschiert. Eine knappe halbe Stunde
braucht man bis zum Flugplatz, wenn man zügig ausschreitet. Der
Flugplatz war mein Ziel, dort wollte ich mich hinsetzen und dem Star-
ten und Landen der kleinen Maschinen zuschauen. Doch als ich ankam, zog es mich weiter, am Flugplatz vorbei zum Kalfamer. Nur noch
auf dem gekennzeichneten Wanderweg darf man ab dem Flugplatz
weitergehen, denn die Insel gehört zum Nationalpark Wattenmeer.
Diese Einstufung hat zur Folge, dass weite Bereiche der Inselnatur für
Menschen ganz oder zu bestimmten Jahreszeiten gesperrt sind. Flora
und Fauna hat es gut getan, und wenn ich auch gelegentlich wehmütig
an die Zeit denke, in der ich ungehindert jedes Dünental durchstreifen
und jeden Meter Strand und Watt betreten konnte, so begrüße ich
doch die heutigen Einschränkungen, denn sie sichern einem kleinen

Paradies das Überleben. Der Tourismus hat manches Stück Erde, insbesondere viele Küstenregionen, verschandelt oder sogar ruiniert.

Etwa einen Kilometer hinter dem Flugplatz erreicht man das Ende der hohen Dünen. Wenn man es umrundet, gelangt man zum Strand. Aber das Inselende ist noch in weiter Ferne, denn nun schließt sich eine etwa anderthalb Kilometer lange und sechshundert bis achthundert Meter breite Landzunge an, die ursprünglich eine riesige Strandfläche bildete, nichts anderes im Grunde als eine große, an die Insel andockende Sandbank. Dort entstanden im Laufe vieler Jahre kleine, aber durchaus auch schon mehrere Meter hohe Dünen. Kleine und mittelgroße weiße Dünen (Stranddünen werden sie auch genannt) bilden ihre nördliche Begrenzung, davor dehnt sich ein weit ausladender Strand. Nach Süden, zum Watt hin, bilden sich erste, noch sehr kleine grüne Dünen, die dichter bewachsen sind, und daran schließt eine flache Hellerfläche an, ein Gebiet, das bei Sturmfluten vom Süden her überschwemmt werden kann. Eine Brutzone für Seevögel ist es jetzt, und nur von Oktober bis April darf man auf gekennzeichneten Wegen dieses Gebiet betreten. See und Wind haben die Basis, den Sand, für dieses Stück Land herangeschafft, indem sie ihn am Westende der Insel abbauen, dabei zum Teil dramatische Zerstörungen der westlichen Randdünen anrichten, und am Ostende wieder anlanden. Ein Nullsummenspiel, möchte man meinen, aber die Zerstörung der Dünen im Westen, die sich nicht wirksam verhindern lässt, muss mit hohem Aufwand in ihrer schädlichen Auswirkung begrenzt werden. Aber das Ostende der Insel profitiert von dieser naturgegebenen Landschaftsveränderung: Hier wurde im wahrsten Sinne des Wortes eine blühende Landschaft geschaffen.

Auf einer angeschwemmten Holzkiste sitzend höre ich dem Rauschen der Brandung und den Rufen der Seevögel zu. Sinnend schaue ich nach Osten, zu gerne würde ich jetzt weiterwandern, dorthin, wo man nicht mehr hin darf. Und während sich Zeit und Raum auflösen, träume ich davon, zusammen mit dir in einem dieser noch jungen unberührten und verschwiegenen kleinen Stranddünentäler zu ruhen, wo nur die Sonne von oben freundlich hineinschaut, gelegentlich diskret wegschaut, während sie damit beschäftigt ist, uns von Kopf bis Fuß mit gleichmäßiger Bräune zu überziehen. Einmal, so meine ich bemerkt zu haben, verdunkelte die Sonne sich für ein Weilchen, aber sie war nur rot geworden und beeilte sich nun, woanders hin zu schauen.

◊

Heute habe ich mich zu einer Wanderung zur Bill entschlossen. Einmal während eines Aufenthaltes muss man auch zum Westende der Insel. Für das Gros der Inselbesucher ist die Domäne Bill das Ziel. Früher ein landwirtschaftlicher Betrieb – vor allem zur Eigenversorgung - mit angeschlossenem Restaurationsbetrieb und kleinem Angebot für Gäste, die sich in diese abseits gelegene Gegend verirrten. Heute Restaurationsbetrieb mit deutlich erweitertem Angebot und einer Anmutung von landwirtschaftlichem Betrieb. So scheint es jedenfalls. Ein paar Gänse, einige Hühner sind zu sehen. Aber auf dem westlich vom Gebäude gelegenen Grünland kein Vieh, sondern eine Kolonie Weißwangengänse (wegen ihrer Kopf-/Halsfärbung auch Nonnengänse genannt), die dort vorübergehend Rast macht.

Die Erbsensuppe oder den berühmten Rosinenstuten der Domänen-Restauration lasse ich mir nicht entgehen, auch wenn sie nicht der Grund meiner Wanderung zum Westende der Insel sind. Aber nach fast anderthalbstündigem Fußmarsch ist eine Stärkung und kurze Pause willkommen. Vom Restaurant bis zum Inselende sind es noch etwa drei Kilometer, wenn man das den westlichen Randdünen vorgelagerte Billriff, eine sich dort ausbreitende Strandlandschaft, mitbetrachtet. Will man der Insel einen geografischen Anfang und ein

Ende zuordnen, so könnte man das Billriff als ihren Anfang bezeichnen. Das Strömungsverhalten der Nordsee lässt den Sand, das Baumaterial der ostfriesischen Inseln, in west-östlicher Richtung wandern, jedes Jahr ein kleines Stück. Somit liegt es nahe, das Inselwestende als ihren Anfang zu sehen.

Verlässt man die Domäne Bill in westlicher Richtung, erreicht man nach etwa zehnminütigem Fußmarsch über den alten Deich den Rettungsbootschuppen, einen noch aus Kaisers Zeiten stammenden Backsteinbau. Das große Ruderboot und weitere Einrichtungen zur Rettung Schiffbrüchiger gibt es längst nicht mehr. Aber ich kann dort nicht vorbeigehen, ohne mich an meine Vorfahren zu erinnern, die in dieses Boot stiegen und gegen die zu überwindende Brandung und die hohe Dünung rudernd versuchten, Schiffbrüchige zu retten. Zuvor hatten sie den langen Weg vom Dorf zurückgelegt. Anschließend wurde mit großer Anstrengung und Hilfe von Pferden das schwere Ruderboot auf seiner Lafette über die Dünen zum Strand geschafft. Sie stellten sich dieser Herausforderung und stiegen dann, mit schwerem Ölzeug und Korkschwimmweste angetan, in das Boot.

Vor dem Bootsschuppen wende ich mich nach links und gelange durch die südlich liegende Dünenscharte zum Strand. Die Inselsüdseite ist geprägt von Salzwiesen die in Watt übergehen. Strand gibt es dort nur am West- und am Ostende, nur ein Stück weit Sandstrand, wie wir ihn auf der Seeseite in endlos erscheinender Länge vorfinden. Mein Weg führt nun an der Dünenkante entlang westwärts. Wie ein mächtiger sichelförmig wirkender Schutzwall liegt die Dünenkette vor dem Grünland der Domäne Bill. Umrundet man diese Dünenkette, gelangt man zur Seeseite der Insel. Auf halbem Weg unterbreche ich meine Wanderung, raste an der Dünenkante, am Scheitelpunkt der Dünenkette. Hier endet die Welt. So habe ich es empfunden, als ich in meinen Kinderjahren erstmals hier stand. Im Rücken der bewohnte und mit Pflanzen bewachsene - der lebende - Teil der Insel. Nach Westen breitet sich die Sandfläche des Billriffs vor mir aus - und dann die See bis zum Horizont. Keine Begrenzung mehr, gefühlte unendliche Weite, unendliche Tiefe.

Das Riff, vom Boden der See hat es sich emporgearbeitet, sich über die Oberfläche der See erhoben. Immer weitere zusammengespülte Sandmassen wurden und werden hier angelandet und teilweise auch wieder mitgenommen, über die Insellänge verteilt, vor allem am östlichen Inselende aufgehäuft. Dort, am Kalfamer, wo im Februar 1962 nur noch flacher Sandstrand zurückgeblieben war, sieht man wieder mehrere Meter hohe bewachsene Dünen. Das Spiel der Gezeiten und die von ihnen ausgelösten Meeresströmungen schaffen diese mächtigen Bauwerke, Riffe oder Sandbänke und auch die Dünen. Eine Sandbank, die einen Namen trägt, befindet sich ein Stück weit südwestlich des Billriffs, die Kachelotplate. Trockenfallende Sandbänke werden auch Plate genannt. Dünen von zwischen zwei und drei Meter Höhe mit erstem Grasbewuchs wurden schon gesichtet. Entsteht hier eine neue Insel? Alle ostfriesischen Inseln entstanden auf diese Weise, wuchsen als Sandbänke aus der See empor. So wollen es die Fachleute, die die sogenannte Platen-Hypothese favorisieren. Die Inseln ohne einen Geestkern, der auf Reste des Festlandsockels hindeutet, sind danach reine Seegeburten. Die Zutaten im ersten Schritt sind Sand und Muschelkalk. Das Gezeitenkraftwerk, Ebbe und Flut, sorgt für Strömungen, der Wind für Wellen und Sturmfluten. Mutwillig, so könnte man meinen, aber zweifellos den Gesetzen der Physik folgend, türmt die See dann an bestimmten Stellen Sandmassen auf. Pflanzensamen schafft der Wind herbei, und schließlich sorgt der Regen für Wachstum. Ob aus der Sandbank mit ersten bewachsenen Dünen eine Insel wird, bestimmt die Natur. Strömungen können sich verlagern, Sturmfluten reißen über Jahrzehnte aufgebaute Sandbänke in wenigen Stunden fort. Die Kachelotplate wurde bereits 1840 erwähnt, ist aber nie über das Stadium einer Sandbank hinaus gekommen. Eine Orkanflut im Herbst 2006 dezimierte ihre Überwasserfläche und ebnete die Dünen ein. Aber See und Wind arbeiten weiter an ihrem Projekt. Es gibt wieder Dünen, sie verringern die Gefahr einer Überflutung, und eine Verlagerung in Richtung der Insel Memmert wird beobachtet. Eine Vereinigung mit Memmert scheint nicht ausgeschlossen, aber darüber können noch Jahrzehnte vergehen.

Mit einer Mär möchte ich noch aufräumen. Die Ostfriesischen Inseln wandern von West nach Ost, hört oder liest man gelegentlich. Wäre das so, müsste das Ostende der Insel Wangerooge nach der jahrhundertelangen Wanderung auf Höhe der Wesermündung angekommen sein oder gar die Elbmündung erreicht haben. Nein, es ist der Sand, der von West nach Ost wandert. Die West-Ost-Ausdehnung der Ostfriesischen Inselkette, das wissen wir heute, ist seit der frühen Neuzeit fast unverändert geblieben. Aber innerhalb der Kette haben sich beträchtliche Veränderungen vollzogen. Und noch etwas müssen wir lernen: Vor einigen hundert Jahren lag die Inselkette rund 400 Meter weiter nördlich. Hier besteht offenkundig ein enger Zusammenhang mit dem langfristig angelegten Anstieg des Meeresspiegels.

Auf Grund ihrer Lage an der Osterems und dem Strömungsverhalten der Nordsee in diesem Gebiet, hat die See besonders viel Sand am Ostende von Juist angeschwemmt. Als die erste Inselkirche etwa in der Mitte des 17. Jahrhunderts ihr Opfer wurde, lag das Ostende von Juist etwa dort, wo heute das Inselhospiz steht. Um gut 5 Kilometer hat die Insel inzwischen an Länge zugelegt. In diesem Zeitraum hat sie sich allerdings in Nord-Süd-Richtung verlagert. Die erste Inselkirche stand etwa 300 Meter nördlich des Hammersees.

Meinen Plan, am Strand entlang zum Ort zurückzugehen, habe ich aufgegeben. Als ich den Dünenkopf umrunde, stiebt mir feiner Sand ins Gesicht. Der leichte Nordwestwind hat auf Nordost gedreht und ist kräftig aufgefrischt. Ich bin kaum dreihundert Meter gegangen, als ich den Sand bereits zwischen den Zähnen spüre und, viel unangenehmer, in den Augen. Auf den Heimweg am Flutsaum entlang habe ich mich gefreut. Endlos, so scheint es, liegt der Weg vor einem, links die See, rechts die Dünen. In östlicher Ferne sieht man bei guter Sicht Norderney. Nun also Kehrtwende, Richtung Süd-Südost. Im Schutz der Billdünen spüre ich schon nach kurzer Zeit den Wind nicht mehr. Rechts, wenige Kilometer entfernt, liegt Memmert, die Vogelinsel. Vor einhundertfünfzig Jahren war sie wohl nur wenig größer als heute die Kachelotplatte. Otto Leege war es, der in den 1890er-Jahren begann, sich für diese junge Insel zu interessieren. Er war 1882 als Lehrer nach Juist gekommen. Mein Juister Großvater sprach immer voller Hochachtung vom ihm, bei dem er lesen und schreiben lernte und über die Natur sicher viel mehr erfuhr als Kinder in anderen Volksschulen damaliger Zeit.

Ich habe meine Wanderung wieder unterbrochen, sitze nun an der südlichen Dünenkante, blicke nach Memmert rüber und lasse meinen Gedanken freien Lauf. Als Zwanzigjähriger kam Otto Leege direkt vom Lehrerseminar auf die Insel, auf eigenen Wunsch. Einige biografische Eckdaten sind mir in Erinnerung geblieben. Im Jahr 1888 war er das erste Mal auf dem Memmertsand, wie man diesen Flecken Erde damals noch nannte. Es war eben nicht viel mehr als eine dünenbewachsene Sandbank. Leege jedoch muss fasziniert gewesen sein von der vorgefundenen Flora und Fauna. Seine Mutter war eine Pflanzenkennerin, heißt es in biografischen Aufzeichnungen. Sie muss ihrem Sohn das Rüstzeug mitgegeben und das Interesse an der Natur geweckt haben. Während seiner ersten Jahre als junger Lehrer auf Juist wird er dieses Wissen fleißig erweitert haben. Nur an eine Zahl erinnere ich mich. Neben der Vielzahl von Vögeln, die Leege auf dem Memmert systematisch erfasst hatte, waren auch über fünfhundert (!) Käferarten aufgelistet, habe ich gelesen. Ob das ein Schreibfehler war? - Die Idee, diese werdende Insel zu einem geschützten Raum zu machen, ließ ihn nicht mehr los. Und er war damit erfolgreich. Bereits 1906 wurde das Betreten der Insel während der Brut- und Aufzuchtzeit der Vögel strengsten untersagt. Im Jahr 1907 wurde dann durch ministe-riellen Erlass der Memmert zur Vogelkolonie erklärt. Aus war es mit dem zum Gewohnheitsrecht gewordenen Eierraub, dem mutwilligen Abschießen von Vögeln und mit den Ausflügen zur „Robinsoninsel", wie ein Juister Kurgast um die Jahrhundertwende berichtete.

An einen legalen Eierraub erinnere ich mich allerdings. Gegen Ende der fünfziger Jahre war die Silbermöwenpopulation so stark an-gewachsen, dass der Inselvogt einen Eingriff in die Natur vornahm. An vielen Küsten gab es damals solche Dezimierungsbemühungen, vor allem zum Schutz anderer, insbesondere kleinerer Seevögel. Ich gehörte zu einer Gruppe von ca. fünfzehn Juistern, die, ausgerüstet mit Körben und Stöcken, anrücken durften, um diesen Eingriff durch-zuführen. Es muss im Mai oder Anfang Juni gewesen sein, der Haupt-legezeit der Silbermöwen. Der Vogt und seine Frau, eine Enkelin Otto Leeges, begrüßten uns am Strand und führten uns zu unserem Ein-satzgebiet. Silbermöwen sind sogenannte Koloniebrüter, und damals nisteten ein paar tausend Brutpaare auf dem Memmert. Ein Gelege besteht aus zwei bis drei Eiern. Unsere Aufgabe war es, Gelege mit ein bis zwei Eiern aufzuspüren und die Eier zu entnehmen. Auf keinen Fall sollten wir Gelege mit drei Eiern anrühren, wurden wir instruiert. Der Brutprozess könnte schon zu weit fortgeschritten sein. Die Eier würden im Abstand von wenigen Tagen gelegt und auch sofort bebrü-tet, lernten wir. Auch wenn der Brutvorgang etwa einen Monat dauert, könnte bei einem Gelege mit zwei Eiern das erste schon eine Woche bebrütet worden sein, hatte ich schnell nachgerechnet und beschlossen, nur Eier aus Eineigelegen mitzunehmen. Etwa dreißig Eier mit hellbraunem oder olivgrünlichem Grund, dunkel gefleckt, befanden sich in meinem Korb, als wir die Aktion beendeten. Wir waren froh, den Einsatzort verlassen zu können. Die Möwen hatten uns nicht kampflos ihre Eier überlassen. Ihre gellenden Schreie hörte ich bis in die Abendstunden, und ihre Angriffe hatte ich mit dauernd über dem Kopf geschwungenem Stock oft genug nur mühsam abwehren können. - In den folgenden Tagen gab es Eier zum Frühstück und zum Abendessen. Gänseeiergroß, ergaben sie eine ordentliche Mahlzeit. Als Spiegeleier, doppelseitig gebraten, konnte man sie am besten genießen, war ihr leicht traniger Geschmack nicht so dominierend.

Mein Gedankenausflug in die Vergangenheit wird jäh unterbrochen, als meine Aufmerksamkeit auf eine vom Memmert aufsteigende Wolke aus schwarzen Punkten gelenkt wird. Tausende müssen es sein. Die blitzschnell ausgeführten Richtungs- und Formänderungen dieser Wolke lassen nur eine Erklärung zu: Eine Starenkolonie ist zu ihrer Spätnachmittagsflugschau aufgestiegen. Ich weiß, große Schwärme mit mehreren Tausend dieser Vögel bilden über ihrem Schlafplatz häufig eine wolkenähnliche Formation, aus der die Stare dann, einem Tornado gleichend, in Schlauchform nach unten fliegen. Ein faszinierendes Schauspiel.

Die Sonne, noch spüre ich ihre Wärme auf meinem Gesicht, steht schon tief im Südwesten. Ihr Licht erzeugt tausendfache Lichtreflexe auf der leicht kabbeligen See. Noch stundenlang möchte ich so sitzen und schauen, auf See und Sand.

Spätherbstage auf Juist

Gegen 07:00 brachen wir auf. Die Sterne begannen bereits zu verblassen, ein tief dunkles Blau kündigte einen wunderschönen Tag an. Ein kalter Wintertag würde es werden; man musste nicht auf das Thermometer schauen, um das prophezeien zu können. Windstille, kalte klare Luft und das Funkeln von Eiskristallen verrieten, was der Tag bringen würde.

Wir hatten die Norddeutsche Tiefebene bereits erreicht, als sich die Sonnenscheibe langsam in das Purpurrot des östlichen Morgenhimmels schob. Und mit dem zunehmenden Sonnenlicht wurde die unglaubliche Pracht dessen sichtbar, was über Nacht entstanden war. Wälder, Wiesen und Haine hatten ein Winterkleid aus Raureif angezogen. Ein Anblick von fast atemberaubender Schönheit, wenn man den Blick dafür hat, wenn man die winterliche Landschaft liebt. Bis zur Küste hin begleitete uns diese zauberhafte Winterstimmung. Die Vielfalt der Formen unserer Bäume, Büsche, Stauden und Gräser, nie wird sie einem so bewusst wie im rau bereiften Winterkleid. In allen anderen Jahreszeiten dominieren Laub, Blüten und insbesondere Farbe das Bild.

Wir haben die Fähre rechtzeitig erreicht. Ich nutze die verbliebene Zeit vor der Abfahrt, um mit Ayko, unserem sibirischen Husky, noch ein wenig zu laufen. Bei der Rückkehr weigert er sich, die Gangway zu betreten. Mein „Hierhin"- Ruf bleibt erfolglos und mein energisches Ziehen an der Leine beantwortet er mit einer Reihe komisch aussehender Bocksprünge. Er ist ganz offensichtlich verstört. Er war zunächst ohne Scheu an Bord gegangen und hatte auch kein Zeichen von Irritation gezeigt, als ich mit ihm noch einmal das Schiff verließ. Nun bleibt mir nichts anderes übrig, als ihn an Bord zu tragen, was ihm jedoch auch missfällt, wie er durch heftiges Zappeln zu erkennen gibt. Endlich Schiffsplanken unter den Füßen, beruhigt er sich sofort wieder, aber während der Überfahrt ist er auch nicht zu bewegen, die hintere Halle zu verlassen, um auf dem Achterdeck ein wenig Seeluft zu schnuppern. Offenbar ängstigen ihn die dort sehr gut hörbaren Maschinengeräusche und das starke Vibrieren des Decks. Er bleibt an der geöffneten Tür liegen und lässt sich von den Mitreisenden bewundern oder auch von Hundekennern kraulen. Bei der Ankunft im Juister Hafen wehrt er sich wieder dagegen, das Schiff zu verlassen. Auch der Trick, ihm zwei andere Hunde voraus zu schicken, erweist sich als unwirksam. Im entscheidenden Moment springt er zurück, und ich muss noch einmal Hand anlegen, ihm über das erste Stück hinweg helfen, dann läuft er alleine weiter. - Ayko hat seine erste Schiffsreise gemacht und sein erster Inselaufenthalt beginnt. Ich bin gespannt auf gemeinsame Entdeckungen.

Ende November, das ist die ruhigste, stillste Zeit auf der Insel. Nur wenige Gäste halten sich um diese Jahreszeit hier auf und viele Insulaner verleben jetzt ihren Urlaub auf dem Festland oder auf anderen, südlicher gelegenen Inseln. Ende November, das ist der Geheimtip für echt Erholung suchende Menschen, denn nicht selten fällt in diese Zeit der erste Wintereinbruch, mit schönen klaren Tagen.

Mein letzter Novemberaufenthalt an der See liegt schon einige Jahre zurück. Ich hatte ihn in guter Erinnerung, und so bin ich auch diesmal in Erwartung stiller und erholsamer Tage zur Insel gefahren. Natürlich, es ist auch meine Heimat und meine Mutter lebt dort noch, Grund genug mich zu freuen. Aber darüber hinaus ist es die besondere Atmosphäre einer Insel, möglicherweise auch speziell *meiner Insel*, die mich eine deutliche Distanz zum Alltag erwarten lässt. - Ich bin in dieser Hinsicht nicht enttäuscht worden.

Kein farbenfroher Sonnenaufgang begrüßte mich heute, wie in den letzten beiden Tagen. Dichter Nebel verhüllte die Insel, als ich mit Ayko die Morgenrunde machte. Von der Deichkrone aus konnte ich die kaum fünfzig Meter entfernten Häuser mehr ahnen als sehen. Am Nachmittag hatte sich der Nebel weitgehend verzogen. Nur ein leichter Dunst, so schien es, lag noch über der Landschaft. Schon am Morgen hatte ich kaum Luftbewegung gespürt, nun war der Wind vollends eingeschlafen. Nicht das geringste Geräusch störte die erhabene Stille, kein Vogelruf und nicht einmal das niemals ganz versiegende Brandungsgeräusch der See drang zu mir, als ich das langgestreckte Dünental nach Osten hin durchwanderte. Die Inselflora, die sich selbst im Sommer in eher zurückhaltenden Farben zeigt, lässt sich nun, an einem trüben Spätnovembertag, in farblicher Hinsicht mit hell und dunkel beschreiben. Hell erscheinen Gräser und Strandhafer, dunkel, fast schwarz, die niedrigwachsenden Weiden, Pappeln, Eschen und der allgegenwärtige Sanddorn. Und doch hält dieses aus einiger Entfernung so undurchdringlich wirkende Dunkel bunte Farbtupfer bereit. Ich entdecke sie im Vorübergehen, die hellorangefarbenen Sanddornbeeren, die die Vögel noch übrig gelassen haben, und einige nun fast rubinrot wirkende Hagebuttenfrüchte.

Mein Rückweg führt mich zum Strand. Als ich die hohe Stranddüne erklommen habe, höre ich die See, die sich grau und ungewohnt friedlich wirkend vor mir ausbreitet. *Am grauen Strand, am grauen Meer…*, fast zwangsläufig fallen mir Storms Verse ein. An einem Tag wie heute muss Storm sein wohl bekanntestes Gedicht geschrieben haben. *…der Nebel drückt die Dächer schwer und durch die Stille rauscht das Meer eintönig um die Stadt.* Wie habe ich es vorhin genannt, erhabene Stille, es gibt keinen passenderen Ausdruck für eine Welt ohne Geräusche. In Storms Welt gab es viele Geräusche, die wir heute kennen und oft genug nur schwer ertragen können, nicht. Es war viel leichter, einen stillen Ort zu finden. Abends wurde es immer still in allen Dörfern und Städten und doch hat Storm die Stille erwähnt, die damals noch so leicht zu haben war. *...Es rauscht kein Wald, es schlägt im Mai kein Vogel ohne Unterlass....* Die karge Welt der Küste und der Inseln wird uns hier vor Augen geführt, und doch kommt sie mir gar nicht so karg vor. *... die Wandergans mit hartem Schrei, nur fliegt in Herbstesnacht vorbei, am Strande weht das Gras.* Die Gänse sind längst in südlichen Gefilden angekommen und selbst die nie Ferien machenden Möwen lassen sich heute kaum sehen. Es fehlt an Thermik, dann macht ihnen das Fliegen keinen Spaß. Sie müssen zu viel mit den Flügeln arbeiten. Wie elegant ist ihr Flug, wenn sie bei aufsteigender Luft kilometerweit über Dünen und Strand segeln Ich kann ihnen lange zuschauen. Ihr Anblick und ihr rauer Schrei gehören zu meiner Kindheit und Jugend. Und auch ihre gesprenkelten, gewissermaßen in Tarnfarbe hergestellten Eier, die wir gelegentlich aus ihren Nestern stahlen. *...Doch hängt mein ganzes Herz an dir, du graue Stadt am Meer...* Ich kann es nicht leugnen, meine Heimat hängt mir an, heute wieder stärker als vor Jahren. Lässt mich das Alter sentimental werden? Ist es ein Stück Geborgenheit, wie sie uns in der Kindheit zuteil wurde, die wir suchen, weil sie uns im Alltag abhanden zu kommen droht? Vielleicht ist es auch nur ein bewussteres Wiederentdecken altvertrauter Umgebung, nun, wo das Arbeitsleben, das Aufziehen der Kinder, das Sichbehaupten-müssen im Leben nicht mehr im Vordergrund stehen. Schöner als Storm es ausdrückte lässt es sich nicht sagen, darum soll er das letzte Wort haben: *...der Jugendzauber für und für, ruht lächelnd doch auf dir, auf dir, du graue Stadt am Meer.*

Fast unendlich, so scheint es, dehnt sich der Strand nach Osten und Westen und endet doch irgendwo im Dunst der Ferne. Auch die See hat sich zurückgezogen, überlässt dem Strand einen Teil des sonst von ihr beanspruchten Gebiets. Kalte Stille liegt über See und Sand. Keine Stimmen, kein Kinderlachen, kein Möwenschrei. Selbst die See ist bemüht, ihr nie ganz versiegendes Brandungsgeräusch zu dämpfen. Dickflüssiger, so könnte man meinen, ist das Seewasser geworden, das sich in trägem Überschlag auf die Sandbank wirft, kaum dass eine nennenswerte Schaumkrone zustande kommt.

Bewegt man sich am Fuß der Dünenkette, erreicht einen der aus süd-süd-östlicher Richtung einströmende kalte Wind nicht, man bleibt im Windschatten; aber auch die selbst zur Mittagszeit tief stehende Sonne gelangt dort nicht hin. Will man die Sonne, muss man den Wind in Kauf nehmen.

Ayko folgt anderen Gesetzmäßigkeiten. Gerüche und Bewegungen bestimmen seine Reflexe. Die Gerüche sind neu für ihn, lassen ihn aufgeregt hin und her laufen, die Schnauze nur wenige Zentimeter über dem Boden. Noch nie gab es auf den ihm bisher bekannten Wegen so viele herumliegende Dinge wie im Spülsaum des Strandes, denn Ayko wächst am Wald auf. Aber auch hier stößt er wieder auf Wald, genauer gesagt, auf das, was die Nordsee von den vor Jahrtausenden hier wachsenden Wäldern mit jeder Flut freigibt. Kleine und mittlere Stücke von schwarzbrauner Färbung in torfartiger Konsistenz, nur weicher, abgeschliffen von kilometerweiter Wanderung über den Meeresgrund, liegen zu Zehntausenden am Strand. Hochinteressant für einen jungen Hund, sie genauer zu untersuchen, sie aufzunehmen und wie Beute im Maul davonzutragen. Leider zerbröselt es sehr leicht, und bei der Gelegenheit kann man dann auch gleich `mal probieren, ob es genießbar ist. Offensichtlich ja, denn nun wird immer `mal wieder ein Happen genommen. Ich sehe es mit gemischten Gefühlen. Viel lieber ist mir, wenn Ayko einer abstreichenden Gruppe von Seevögeln nachjagt, ohne die geringste Chance, auch nur einem eine Schwanzfeder auszurupfen. Gleichwohl hetzt er ihnen nach, bis er nur noch ein Pünktchen auf dem Strand ist. Nach einiger Zeit kommt er dann in langen Sätzen zurückgerannt, will gelobt werden für seinen

Einsatz. Und schon springt er wieder, jagt einem Phantom nach. Gerade noch bewegte sich etwas an ihm vorbei, im nächsten Moment ist es verschwunden. Ayko stemmt die Vorderpfoten in den Sand und versucht aufgeregt, die bereits sicher geglaubte Beute auszumachen. Und tatsächlich, plötzlich ist sie wieder da, eine fast durchsichtige Wolke feinsten Quarzsandes, die sich entwickelt, sich für einige Sekunden schlangengleich über den Strand bewegt und bevor Ayko sie greifen kann auch schon wieder aufgehört hat zu existieren. Wieder schaut Ayko in höchster Konzentration dahin, wo sich eben noch etwas bewegte, aber da das mysteriöse Wesen keinen Duft hinterlässt, verliert er schnell das Interesse, wendet sich neuen Aufgaben zu.

Der frühe Wintereinbruch ist nicht von Dauer. Die Außenlufttemperatur steigt wieder in den Bereich 0° bis +3°C und damit ist auch die Gefahr gebannt, dass die Fährverbindung zum Festland zum Erliegen kommt, da auch der Wind jetzt aus süd-südwestlicher Richtung weht. Der Hafen begann schon zu vereisen in den vergangenen Tagen, und wir fingen an, uns mit dem Gedanken vertraut zu machen, die Insel per Flugzeug verlassen zu müssen. Nicht auszudenken, wie Ayko darauf reagiert hätte; seine Irritation beim Verlassen des Schiffes haben wir noch nicht vergessen. Nun, dies neuerliche Erlebnis wird uns wohl erspart bleiben.

Erinnerungen an frühere Eiswinter in Kindheit und Jugend gehen mir durch den Kopf. Monatelang keine Fährverbindung, die Fahrrinne, Nabelschnur zum Festland, so vereist, dass der Fährverkehr manchmal von Mitte Dezember bis Anfang März eingestellt werden musste. Die Versorgung aus der Luft, im schlimmen Nachkriegswinter 1946/47 noch ohne Fallschirme, ist rückblickend gesehen ein interessantes Erlebnis. Damals hing unser Überleben davon ab. Ich sollte darüber schreiben, irgendwann, wenn ich mehr Muße habe.

Abreisetag: Wir essen im „Lütje Teehuus" zu Mittag und trinken anschließend ein letztes Mal Tee bei Mutter, früher als üblich, denn die Abfahrt der Fähre ist für 15:15 Uhr vorgesehen. Als wir den Hafen erreichen, steht die Sonne bereits im Südwesten, genau zwischen Hafengebäude und Leuchtturm. Pünktlich legt die Fähre ab und verlässt in langsamer Fahrt den Hafen, eine starke Heckwelle hinter sich her ziehend, deutliches Zeichen des noch sehr geringen Wasserstandes. Die tief stehende Sonne zaubert Lichtreflexe auf das Wasser und taucht den Salon des Schiffes in ein winterlich blasses Licht. Die Stimmung der Menschen scheint sich der Natur anzugleichen. Die wenigen Passagiere an Bord erscheinen ruhiger, in sich gekehrter als man es im Sommer gewöhnt ist. Als die Sonne ihre allerletzten Strahlen aussendet, ist die Insel nur noch als grauer Streifen im Dunst der Ferne auszumachen.

Auf Wiedersehen im nächsten Jahr, Juist! Wir kommen wieder.

Danke sage ich

- meiner Frau Hannelore, die sich nie über meine stundenlange Beschäftigung mit alten Dokumenten beschwerte und schließlich auch der Veröffentlichung des entstandenen Buchs zustimmte, mit dem ja auch ein Schritt in die Öffentlichkeit verbunden ist.

- meiner Tochter Petra, die den Manuskriptentwurf las Ergänzungen anregte und den entscheidenden Anstoß für die Veröffentlichung gab, denn dieses Buch war ursprünglich nur für die Familie vorgesehen.

- meiner Lektorin Jutta Dauth, geb. Fisser, Studiendirektorin i. R. auf Juist geboren wie ich, die sich in meinen Texten wiederfand , sie mit vielen lobenden Anmerkungen versah und meine friesisch-eigensinnige Zeichensetzung dem Regelwerk anpasste.

Quellennachweis

Die Quellen sind im Text vermerkt und werden hier für interessierte Leser zusammenfassend aufgeführt.

Dr. J. Stracke	de Juest Zur Kulturgeschichte des alten Eilands	1956
Willy Troltenier	JUIST gestern und heute	1970
Kurt Perrey et. al.	1779 - 1979 Zweihundert Jahre Kirche im Juister Inseldorf; Eine Jubiläumsschrift	1979
Dr. H. Reimers	Ein Rechtsstreit auf Juist; aus „Heim u. Herd" des Ostfriesischen Kuriers	1931
Karl H. Wiechers	... und fuhren weit übers Meer	1984
Edzard Conring	Insel im Eis	1993
Georg W. Kampfer	Der Untergang der Excelsior	1999

Verschiedene Beiträge in „Heim u. Herd" (Beilage des Ostfriesischen Kuriers); Juist Anzeiger; Festschrift 150 Jahre Seebad Juist; Kirchenbücher der ev. Inselgemeinde Juist; Privatarchiv des Autors

Autorenprofil

Werner Bitter, Jahrgang 1939, geboren und aufgewachsen auf der Insel Juist. Studium der Schiffsbetriebstechnik (Maschinenbau), Seefahrtzeit als technischer Schiffsoffizier; im Rheinland lebend, über 30 Jahre im internationalen Maschinen- und Anlagenbau tätig sowie im Ruhestand 12 Jahre freiberuflich als Wirtschaftssenior in der regionalen Wirtschaftsberatung.

Hobbys: Geschichte, Germanistik, Lesen, Schreiben (Beiträge zu regionalen Wirtschaftsmagazinen und Zeitungen, Reise-/Erlebnisbeschreibungen)

Zeitfracht Medien GmbH
Ferdinand-Jühlke-Straße 7
99095 Erfurt, Deutschland
produktsicherheit@kolibri360.de